A POLÍTICA DO
CAFÉ COM LEITE
MITO OU HISTÓRIA?

A POLÍTICA DO
CAFÉ COM LEITE
MITO OU HISTÓRIA?

José Alfredo Vidigal Pontes

imprensaoficial
GOVERNO DO ESTADO DE SÃO PAULO

São Paulo dá café,
Minas dá leite,
e a Vila Isabel dá samba.

Noel Rosa

Casa de fazenda de café no Vale do Paraíba

O poder dos clichês   11
    Roberto Pompeu de Toledo

Introdução   15

O café no Brasil   20
A agricultura paulista antes do café   22
O café em São Paulo   28
A transição do trabalho escravo para o trabalho assalariado   29
A imigração em São Paulo   32
O café em Minas Gerais   34
O início da República: militares no poder   34
Café: hegemonia e crise   35
Pressão intervencionista   37
O Convênio de Taubaté e a primeira valorização do café   43
A segunda valorização do café: 1917-20   50
A Bolsa de Café de Santos   52
A terceira valorização do café: 1921-24   53
A defesa do café em plena crise política   56
A crise   62
Avaliação das intervenções no mercado   67
O café hoje   73

Bibliografia   77
Bibliografia comentada   81

Anexos   83
Cronologia básica do café no Brasil   87

Glossário   91

Verbetes   97
personalidades citadas   99

Documentos transcritos   131
    Ata do Convênio de Taubaté   133
    Carta enviada por Jorge Tibiriçá a Pinheiro Machado   137
    Mensagem do presidente Epitácio Pessoa ao Congresso
    Nacional sobre a defesa permanente do café – 17.10.1921   141

Créditos das imagens   145
Sobre o autor   147

O poder dos clichês

Roberto Pompeu de Toledo

Grande é o poder dos clichês. "Política do café com leite" é um deles. Ainda maior é o poder quando, como nesse caso, toma de empréstimo uma simpática expressão, tão familiar ao evocar um item de todos os dias na mesa do brasileiro. Outra coisa, bem diferente, é a realidade dos fatos. É uma pena, mas, a despeito de seu charme, ocorre com frequência de os clichês irem para um lado, e a realidade para outro.

Este livro investiga a justeza da expressão "política do café com leite" para caracterizar a condução dos governos brasileiros durante a primeira fase do regime republicano – o período, entre 1889 e 1930, conhecido como "República Velha". A expressão comporta mais de uma interpretação. A primeira delas, repetida à exaustão em livros de autores desatentos e em salas de aula, sustenta que naquele período revezaram-se na presidência, um sucedendo ao outro, políticos paulistas e mineiros. Como São Paulo detinha a hegemonia na produção do café e Minas Gerais a do leite e dos laticínios, eis a engrenagem café com leite impondo-se ao resto do país. Ora, apenas duas vezes – na sucessão de Rodrigues Alves por Afonso Pena e na de Artur Bernardes por Washington Luís – ocorreu uma troca de político paulista por mineiro, ou mineiro por paulista.

Outra acepção seria a de que os interesses dos cafeicultores, somados aos dos produtores de laticínios, impuseram-se no período. Errado outra vez. Como revela este livro, a produção de café, dominante no sul do estado, era mais importante, em Minas, do que a do leite. Teríamos então que a política do café com café, ou no máximo a do pingado, na feliz expressão do autor, exprime melhor o panorama do período do que o café com leite do clichê.

O café foi o grande motor da economia brasileira, como não se ignora, e em torno do propósito de tirar desse artigo quase único, na pauta de exportação, o máximo proveito, girou a política econômica do país. Menos óbvio, a preciosa lição deste livro, é – primeiro –, que os interesses do café foram defendidos mesmo por presidentes que não eram nem paulistas nem mineiros, como o paraibano Epitácio Pessoa, e – segundo –, a política econômica baseada no café extravasou de muito a República Velha, continuando durante toda a Era Vargas e ainda ecoando até bem entrados os anos 1960.

Pesquisador cuidadoso, versado como poucos na história brasileira, em especial a paulista, José Alfredo Vidigal Pontes descreve com clareza os intrincados caminhos da política do café, nas páginas que se seguem. As sucessivas "valorizações" do produto são analisadas do ponto de vista do que representaram no momento e de suas consequências para o futuro do país. Por fim, e não menos importante, quem ainda não sabe o que eram as valorizações vai aqui travar conhecimento com algo que, para o bem e para o mal, teve peso decisivo nos rumos do Brasil.

Epitácio Pessoa

Introdução

"A defesa do valor do café constitui um problema nacional, cuja solução se impõe à boa política econômica e financeira do Brasil".[1]

Assim dizia o então presidente da República Epitácio Pessoa no trecho inicial de sua mensagem ao Congresso Nacional, quando apresentou sua proposta de criação de um Instituto de Defesa Permanente do Café, em outubro de 1921.

O eminente político paraibano, que representara o Brasil durante as negociações do Tratado de Versalhes após a Primeira Guerra Mundial, agora se via às voltas com o intrincado jogo político-econômico em torno do café.

Oriundo de uma tradicional família nordestina, Pessoa não estava vinculado diretamente à "política do café com leite", a assim chamada hegemonia política de São Paulo e Minas Gerais durante as primeiras décadas do século xx. Embora inegável, essa hegemonia foi relativa e entrecortada ao longo do tempo, como a própria eleição de Pessoa confirmava. Sua candidatura a presidente foi proposta pelo Rio Grande do Sul em 1918, assim como anos antes havia sido a de Hermes da Fonseca (1910-1914).

O que realmente estava em questão eram a economia nacional e sua maior prioridade: o café. Mesmo depois da Revolução de 1930, quando o relacionamento entre São Paulo e Minas estava desarticulado, o café continuou sendo o polo dinâmico da economia. O então Governo Provisório chefiado por Getúlio Vargas, apesar de ter criado o Instituto do Mate,

---

[1] PESSOA, Epitácio. *Mensagem ao Congresso Nacional*, O Estado de S. Paulo, São Paulo, 18.10.1921.

do Açúcar, do Álcool, da Borracha etc., apressou-se em tentar resolver prioritariamente a crise do setor cafeeiro.

Ao refletir sobre a crise dos anos 1930, o economista Celso Furtado escreveu que *"a política de defesa do setor cafeeiro nos anos da grande depressão concretiza-se num verdadeiro programa de fomento da renda nacional"* [2], demonstrando como, anteriormente – ao longo das três primeiras décadas do século XX – a economia cafeeira ampliou e integrou o mercado interno de todo o país, além de deflagrar o processo de industrialização mais intensa em São Paulo.

E esse é o propósito deste trabalho: situar o papel desempenhado pelo café durante a primeira fase do regime republicano no Brasil e sua relevância na condução política e econômica do país.

Esse período iniciou-se com a proclamação da República em 15 de novembro de 1889 e teve seu final com a deposição do presidente Washington Luís em 24 de outubro de 1930. Foi consagrado por alguns autores como República Velha[3], por outros como Primeira República, ou ainda como a era da "política do café com leite".

Muitas vezes, esta última denominação para esse período tem sido interpretada ao pé da letra, dando a entender que havia um rodízio automático de presidentes mineiros e paulistas e que esses representavam respectivamente os interesses do café paulista e do leite mineiro.

Bem, as coisas não eram exatamente assim. De fato, o setor de laticínios era de grande importância na economia de Minas Gerais, mas não era a principal atividade econômica desse estado. Havia também a pecuária de corte

---

[2] FURTADO, Celso. *Formação econômica do Brasil*. São Paulo: Cia. Editora Nacional, 2000. p. 205.

[3] CARONE, Edgard. *A República velha*. São Paulo: Difel, 1971.

e, sobretudo, o café. Como muito bem demonstrou a historiadora mineira Cláudia Viscardi, em minucioso trabalho baseado em dados oficiais: [...] *"ao longo da Primeira República, o café, isoladamente, representou mais da metade do conjunto das exportações mineiras [...] Esse fato deixava os cafeicultores em uma posição politicamente confortável, na medida em que a garantia dos preços do café era de interesse, não só dos agentes econômicos a ele ligados, como do próprio estado de Minas".*[4]

Portanto, o setor cafeeiro era o mais dinâmico do estado de Minas, sendo responsável direto por quase metade da receita fiscal, além de uma série de impostos indiretos espalhados por toda sua cadeia produtiva.

No estado do Rio de Janeiro sua relevância também era grande para a economia local. Durante a primeira década do século XX, o café atingia média próxima de 40% das receitas de exportação, muito embora decrescesse nas décadas seguintes. Mas, era em São Paulo que a importância relativa da economia cafeeira era mais acentuada. Nesse estado, nas primeiras décadas do século XX, o café representava mais de 60% das receitas de exportação em média. Isso em uma época em que não existia o ICMS (Imposto de Circulação de Mercadorias e Serviços) e o principal tributo estadual era o imposto de exportação.

Diante desses números, podemos dizer que a política do café com leite tinha um sabor bem forte, com bastante café e apenas um pouquinho de leite. Ou seja: mais para um "pingado" bem escuro.

---

[4] VISCARDI, Cláudia Maria Ribeiro. *Minas Gerais no Convênio de Taubaté: uma abordagem diferenciada*. Curitiba: Anais do III° Congresso Brasileiro de História Econômica, 1999.

Sede de fazenda de café, estado de São Paulo

O café no Brasil

O cultivo do café no Brasil teve início em 1727, ainda em plena vigência do sistema colonial português, muito tempo antes de qualquer aspiração de independência e, muito menos, de republicanismo. As ideias relativas à emancipação política só iriam aparecer no Brasil no final do mesmo século, após a Independência dos Estados Unidos (1776) e da Revolução Francesa (1789).

Plantado inicialmente em Belém do Pará, com mudas e sementes trazidas da Guiana Francesa pelo sargento-mor Francisco de Melo Palheta, o café logo começou a ser exportado. Já em 1731, chegava a Lisboa um embarque da primeira colheita paraense e brasileira. Pouco depois, o café chegava ao Maranhão, de onde, três décadas após, seriam levadas ao Rio de Janeiro as primeiras mudas. Somente em 1779 seriam registradas as primeiras exportações de café pelo porto do Rio.[5]

Daí em diante, a cafeicultura fluminense prosperou, aumentando progressivamente o seu peso relativo no total das exportações brasileiras, conforme a constatação de Celso Furtado: *"No primeiro decênio da independência, o café já contribuía com 18% do valor das exportações do Brasil, colocando-se em terceiro lugar depois do açúcar e do algodão. E nos dois decênios seguintes já passa para primeiro lugar, representando mais de 40% do valor das exportações".*[6]

O aumento considerável da cafeicultura na economia nacional correspondeu a uma expressiva e crescente influência política. Entretanto, ao reproduzir a organização da produção dentro do modelo escravocrata, os cafeicultores do Vale do Paraíba apenas engrossaram as forças políticas conservadoras

---

[5] TAUNAY, A.E. *Subsídios para a história do café no Brasil colonial*. Rio de Janeiro: Depto. Nacional do Café, 1935. p. 282.

[6] FURTADO, Celso. *Op. Cit.*, p. 118.

que dariam sustentação ao Império (1822-1889). Mas, a partir de 1850, a aprovação da Lei Eusébio de Queirós estabelecia a proibição do tráfico negreiro, resultado de forte pressão da Inglaterra. Dessa forma, o regime escravista iniciaria sua decadência, agravada pela Lei do Ventre Livre, de 28 de setembro de 1871.

A abertura de novas frentes de plantio de café no oeste paulista não poderia mais ser atendida por uma mão de obra cada vez mais escassa, apesar do contrabando e da compra de escravos no Nordeste. Assim, prosperaria em São Paulo uma fração dos cafeicultores que *"aceitava inovações, abandonava velhas técnicas e normas, alijava o trabalho escravo, esposava relações capitalistas de produção e ansiava por reformas na medida em que ganhava em forças"*.[7]

Já em 1831, nos primeiros anos do Império, é constituída em São Paulo a Burschenschaft, uma sociedade secreta republicana fundada por Julius Frank, um professor do curso jurídico que havia fugido da Alemanha por suas atividades antimonárquicas. A "Bucha", como ficaria conhecida, teve um papel decisivo na articulação dos republicanos em todo o Brasil, pois muitos de seus membros eram originários de outras províncias e a elas retornavam após a conclusão do bacharelado, entre eles João Pinheiro, Júlio de Castilhos, Assis Brasil e Pinheiro Machado.

Com esse pano de fundo, pode-se compreender porque antes mesmo da proibição do tráfico de escravos da África para o Brasil (1850) organizava-se no interior de São Paulo a primeira experiência de trabalho livre em uma grande plantação de café. Em 1847, em sua fazenda de Ibicaba, o fazendeiro Nicolau de Campos Vergueiro instituiu um sistema de

---

[7] SODRÉ, Nelson Werneck. *Formação histórica do Brasil*. São Paulo: Brasiliense, 1967. p. 274.

parceria com cerca de 80 famílias trazidas da Alemanha, as quais totalizavam aproximadamente 400 pessoas.

Em 1873, na Convenção Republicana de Itu, um congresso realizado no interior de São Paulo que daria origem ao Partido Republicano Paulista e ao jornal A *Província de S. Paulo*, a maioria dos participantes era cafeicultores. Dos 133 convencionais presentes, 78 eram fazendeiros e os demais 55 dividiam-se entre comerciantes, advogados, médicos, etc. Conforme o historiador Raymundo Faoro, nessa fase de nossa história *"o agrarismo volta-se para os ideais republicanos, atraído sobretudo pela constelação federalista, norte que seria também o de suas afinidades com o Partido Liberal [...]. Só assim se explicará o larvado e o manifesto republicanismo do fazendeiro do Oeste paulista e do Rio Grande do Sul, bem como, em sentido inverso, a fidelidade monárquica da lavoura do Vale do Paraíba"*.[8]

Portanto, é assim dividida entre republicanos e monarquistas, ou abolicionistas e escravocratas, que a cafeicultura atravessa os anos 1970 e 1980 do século XIX. No entanto, com a Abolição decretada ainda em 1888, para os cafeicultores do Vale do Paraíba não havia mais razão para se preservar o Império, então desfalcado de seu principal sustentáculo político: a escravidão.

A agricultura paulista antes do café

A atividade agrícola em São Paulo remonta ao início da colonização. Os tupis em geral e os guaranis em particular tinham técnicas agrícolas bem articuladas com o meio ambiente, obtendo uma fartura admirada pelos primeiros europeus que aportaram nas costas do Sudeste e do Sul do Brasil. Os europeus foram frequentemente tratados como poderosos

---

[8] FAORO, Raymundo. *Os Donos do poder*. Porto Alegre: Globo, 1977. p. 456.

Cafezal do estado de São Paulo

pajés, portadores de saberes extraordinários, aos quais deveria ser ofertada generosamente a alimentação.

O viajante alemão Ulrich Schmidel fala da fartura entre os carijós, além de toda sorte de caça e pesca, de "trigo turco ou milho, mandioquinha, batatas, mandioca-brava, mandioca mansa".

A cultura mameluca incorporou diversas práticas rurais dos guaranis, até mesmo aquelas que se tornaram altamente problemáticas pelo uso mais intenso como a coivara. Os europeus trouxeram hortaliças e até flores. O padre jesuíta Fernão Cardim, descrevendo a viagem que fez de Santos a São Paulo por volta de 1580, ao pousar no planalto refere-se ao lauto jantar com porcos, galinhas e "muitas uvas e figos de Portugal, camarinhas brancas e pretas e umas frutas amarelas da feição e tamanho das cerejas".

Mais de dois séculos após, Saint-Hilaire relatava: "pelos fins de novembro depois, florescem os cravos, flores favoritas dos paulistas, os botões-de-ouro, as papoulas, ervilhas de cheiro, escabrosas, saudades, cravinas. Os morangos, de gosto tão agradável como os europeus, abundam em todos os jardins. Os pessegueiros florescem pelo mês de agosto. As laranjeiras, os limoeiros, figueiras, romeiras, ameixeiras, damasqueiros, marmeleiros, nogueiras e castanheiras fornecem anualmente, em fevereiro ou março, seus frutos. Em fins de novembro, macieiras e amoreiras estavam em plena floração".[9]

Desde o início da colonização, estabeleceu-se, portanto, também uma agricultura de subsistência, incorporando vegetais exóticos às culturas indígenas, ao lado dos primeiros empreendimentos agrocomerciais representados pelos engenhos estimulados por Martim Afonso de Sousa, em 1532.

O primeiro engenho do Brasil foi o de São Jorge, pertencente ao próprio Martim Afonso, a seu irmão Pero Lopes de Sousa e a mais dois sócios: Francisco Lobo e João Veniste. Alguns anos depois, o engenho foi vendido ao flamengo Erasmo Schetz, de Antuérpia. Frei Gaspar levantou a existência de mais dez: de um total de 11, sete ficavam na ilha de São Vicente e quatro na de Santo Amaro. Varnhagen registra apenas seis em 1548. Entretanto, o ciclo de açúcar vicentino foi o mais curto de que se tem notícia no Brasil, pois em 1557 quase não havia mais engenhos em São Vicente, já assediada pelas incursões tamoias. A rápida exaustão da terra, bastante inferior ao solo de massapê do Nordeste, e a maior distância em relação aos importadores europeus tornaram o negócio inviável.

Adentrando o século XVII, vai surgir no planalto o ciclo do trigo, atividade agrícola totalmente dirigida ao mercado interno.

---

[9] SAINT-HILAIRE, Auguste. *Viagem à província de São Paulo*. São Paulo: Martins, Edusp, 1972. p. 58.

Embora já houvesse referências a trigais em São Paulo no século XVI, uma delas feita pelo próprio Cardim lamentando sua pequena produção, foi somente a partir de 1609 que se disseminaram os moinhos e as grandes plantações. Para tanto foi fundamental a utilização da mão de obra escrava indígena.

Essa disponibilidade foi resultado de uma sequência de eventos que favoreceram a apropriação direta dos cativos pelos colonos, passando pelo abandono do recurso ao aldeamento jesuítico como fornecedor da mão de obra, como chegou a pretender a coroa. Para o historiador John Manuel Monteiro, o "surgimento de uma agricultura comercial no planalto, sobretudo com a produção de trigo, pode explicar muito da sociedade colonial na região, uma vez que a presença elevada de cativos índios possibilitou a articulação da economia do planalto com a do litoral, resultando, ao mesmo tempo, na composição desigual da riqueza na sociedade local".[10]

O trigo tinha mercado garantido na própria colônia, dirigindo-se primeiramente a Santos, carregado nas costas de índios. Daí era embarcado principalmente para o Rio de Janeiro, mas atingindo também Salvador e Recife. Havia também uma significativa produção de algodão, tabaco e toucinho. O ciclo do trigo teve seu auge de 1610 a 1680, enquanto a disponibilidade de mão de obra foi mantida à custa de frequentes incursões de apresamento ao interior, pois o ciclo de vida do escravo era curto. Monteiro insiste em negar que houvesse grande fluxo de cativos de São Paulo para o Nordeste durante o século XVII, pois eles eram destinados, sobretudo, a fazendas na própria capitania de São Paulo.

Além de promover uma incipiente acumulação de capital, o ciclo do trigo deixou como herança toda uma infraestrutura

---

[10] MONTEIRO, John Manuel. *Os negros da terra*. São Paulo: Cia. das Letras: 1994. p. 99.

de moinhos e de relações entre moleiros e produtores que será absorvida pela cultura do milho. E essa será fundamental no século XVIII tanto para o consumo interno na capitania como para transporte de viajantes de toda a espécie, sejam bandeiras, sejam tropas e monções.

O sucesso do milho em detrimento da mandioca na cultura paulista é facilmente explicável e tem suas origens nos guaranis: sua durabilidade como grão resistente a longas viagens, ao mesmo tempo semente e alimento para homens e animais, com maior valor nutritivo. E o advento do monjolo na segunda metade do século XVIII tornará ainda mais fácil e popular a produção da farinha de milho.

As mesmas características portadoras de facilidades de transporte, armazenamento e reprodução também favorecerão a difusão do feijão, do amendoim e do arroz. E para as vestimentas adaptou-se bem o algodão, como todo o seu processamento para tecido. Assim, desenvolveu-se uma agricultura de subsistência e de mercado, entrelaçada e interdependente.

Nos engenhos de açúcar costumava-se também fazer o plantio dos gêneros de subsistência (arroz, feijão, milho e tabaco) mesmo no seu período áureo entre 1790 e 1860, incluindo a criação de porcos e galinhas. No planalto há notícias de modestos alambiques já no início do século XVII. É possível que já existissem moendas no planalto desde que os engenhos do litoral entraram em decadência no final do século anterior. Mas é certo que em 1607 havia um trapiche no Butantã, pertencente a Afonso Sardinha, onde se embarcava aguardente. E, em 1639, há registro de embarque de açúcar em São Vicente, provavelmente vindo de serra acima.

No início do século XVIII aumentam os relatos de existência de engenhos no planalto, na verdade pequenas moendas e alambiques que atendiam o consumo local da capitania, incluindo Mato Grosso e Goiás: 1705, Capivari; 1720, Itu; 1733,

Jaguari. Em 1726, foram embarcadas para Cuiabá 18 arrobas de açúcar. O governador da capitania, Morgado de Mateus, já registra em 1767 a exportação de açúcar e aguardente pelo porto de Santos, cuja produção considerava altamente promissora dado o baixo custo de montagem dos pequenos engenhos adotados em São Paulo, movidos por bois.

Mateus incentivou os fazendeiros à produção de cana e arroz, política endossada por seu sucessor, Bernardo José de Lorena. Além desses dois produtos, Lorena achava que havia também um bom potencial para as culturas de anil e algodão. Mas sua menina dos olhos era a produção de açúcar, para a qual procurou dar um apoio substancial.

Em 1789, concentra a exportação de açúcar da capitania pelo porto de Santos, dirigida exclusivamente a Lisboa. Três anos depois, conclui a Calçada do Lorena, garantindo o acesso de grandes tropas de mulas ao porto. A melhora na infraestrutura aliada à crescente subida de preços no mercado internacional, agravada pela crise da produção da ilha de São Domingos (1791), fez progredir bastante a produção de açúcar na capitania. Mas, assim como o ciclo do trigo no século XVII, o sistema produtivo vai se basear no trabalho escravo, só que dessa vez a mão de obra será de origem africana.

Entre 1802 e 1810, houve uma retração temporária do preço do açúcar, mas a partir daí passa a haver um entusiasmo crescente com a lavoura da cana e outras culturas. Em 1799, havia 543 engenhos, produzindo 2.918 toneladas e usando 7.271 escravos. Mais de meio século adiante, em 1854, havia 644 engenhos, produzindo 12,7 mil toneladas, contando com 15,4 mil escravos e 600 trabalhadores livres. Percebe-se que houve aumentos de produtividade tanto pelo melhoramento das técnicas de plantio, como pela evolução tecnológica dos engenhos, pois mesmo contando-se com o dobro de escravos conseguia-se uma produção quatro vezes maior.

A economia do açúcar desenvolveu todo o chamado quadrilátero, formado por Sorocaba, Piracicaba, Mogi-Guaçu e Jundiaí. Também havia a produção do Vale do Paraíba, inicialmente prejudicada pelas regras de Lorena, que ressurgiria após a revogação destas no início do século XIX, quando foram reabilitados os portos do litoral norte para a exportação. E será na região do quadrilátero, já bem servido de estradas vicinais, abundância de mulas e inúmeras tropas, que tomará impulso o surto cafeeiro do chamado Oeste.

O café em São Paulo

O café foi introduzido em São Paulo na segunda metade do século XVIII, inicialmente em quintais, visando apenas ao consumo doméstico. Será somente no século XIX que ele começará a ser cultivado em larga escala no Vale do Paraíba paulista, como decorrência do processo de expansão da produção iniciada no Rio de Janeiro, toda baseada na mão de obra de escravos africanos. Em 1836, a fazenda Pau D'Alho, no município de São José do Barreiro, era uma das maiores produtoras de café do Vale, com a produção exportada pelo porto do Rio de Janeiro. Assim também o município de Bananal, um dos maiores produtores da época.

Será também nessa época que ele começa a ser plantado em Campinas, no chamado quadrilátero, mas em menor escala. A produção nessa região irá crescer mais a partir de 1846 com a abertura da Estrada da Maioridade, com um impulso ainda maior em 1867 com a abertura da estrada de ferro ligando Santos a Jundiaí. Aos poucos, começa a se alastrar o emprego de parcerias e de trabalho assalariado, estimulado por diversos fatores: alto preço do escravo a partir de 1850, aumento das fugas e rebeliões e, por fim, a constatação da maior produtividade do sistema de colonato que passa a ser difundido pela província na contratação dos imigrantes, sobretudo italianos.

Em 1890, os embarques de café pelo porto de Santos ultrapassam pela primeira vez o movimento havido no Rio de Janeiro. Em 1900, será mais que o dobro e, em 1906, o triplo. A produção do também chamado 'Oeste' crescera demais, além da expansão do mercado comprador, o que fará gerar a primeira grande crise de preços.

A transição do trabalho escravo para o trabalho assalariado

O processo de transição do uso da mão de obra escrava para o regime de trabalho assalariado na província de São Paulo, antes da Abolição oficial, não foi rápido. E tampouco teve uma gradação crescente de forma constante. Na verdade, foi feito de avanços e recuos, com muitas hesitações por parte dos fazendeiros, até mesmo aqueles já familiarizados com métodos mais modernos de produção, sobretudo no emprego de tecnologias de beneficiamento dos produtos agrícolas.

Se, por um lado, a progressiva insubordinação dos cativos pressionava na direção da adoção do trabalho assalariado, de outro a rebeldia dos parceiros alemães de Ibicaba, em 1857, reprimiu o estabelecimento de novas parcerias por aproximadamente dez anos. Mas a maioria de outras 60 colônias já estabelecidas entre 1847 e 1857 no 'quadrilátero' e no 'oeste antigo' prosseguiu, substituindo aos poucos a parceria pelo 'ajuste', um sistema baseado no cumprimento de certas tarefas ou objetivos. Uma parcela delas entrou em crise e algumas retornaram ao uso do trabalho escravo.

A revolta dos parceiros de Ibicaba era totalmente justificada pela conscientização de que havia uma armadilha no sistema que vinculava o agricultor eternamente ao proprietário. As altas despesas de transporte da Europa até a fazenda eram debitadas da conta corrente do imigrante, a qual ficava sempre no vermelho.

Trabalhadoras rurais separam o café em fazenda, estado de São Paulo

Mas o absurdo é que essa despesa de viagem foi paga integralmente pelo governo imperial. Warren Dean classificou esse tipo de relação como semisservil subsidiada pelo estado.

Entretanto, o retrocesso havido na expansão do sistema de trabalho assalariado fez aumentar ainda mais o preço do escravo, bem como sua rebeldia. No mesmo ano em que era decretada a Lei do Ventre Livre (1871) também foram estabelecidas maiores facilidades para obtenção de alforrias. Sintomaticamente, neste mesmo ano, fazendeiros de Rio Claro e Campinas pedem a presença fixa de uma guarnição do Exército para inibir novas revoltas.

Argumentavam explicitamente que os negros nascidos no Brasil eram mais indisciplinados e tendentes a insubordinações, admitindo não poder mais controlar os cativos com suas próprias forças. A solicitação foi atendida e por certo retardou em alguma medida o avanço do trabalho assalariado.

O aparato de segurança fornecido pelo estado permitiu que até mesmo fazendas adiantadíssimas em termos de práticas administrativas e adoção de tecnologia mantivessem o trabalho escravo ao lado do trabalho assalariado até as vésperas da decretação da Lei Áurea, de 13 de maio de 1888. Assim ocorreu com as fazendas da família Prado e, até mesmo, na mais bem-equipada de todo o estado em sua época, a fazenda Santa Gertrudes em Rio Claro. Dotada de energia elétrica, telefone interno e acesso à ferrovia, teve, até 1884, exclusivamente mão de obra escrava. Em 1888, tinha apenas 60 trabalhadores livres, todos portugueses. A partir daí, chegam os primeiros italianos, os quais formarão oito colônias nos anos seguintes.

A imigração em São Paulo

A partir dos últimos anos do Império, convergiu para São Paulo boa parte dos 4.158.717 imigrantes que chegaram ao Brasil entre 1884 e 1940. Entre 1887 e 1906, entraram cerca

Trabalhadores japoneses na colheita do café, Fazenda Pau Alto, estado de São Paulo

de 1,2 milhão de imigrantes no atual estado de São Paulo, dos quais aproximadamente 800 mil eram italianos.

A Itália tornou-se um grande exportador de mão de obra europeia nas últimas décadas do século XIX devido às grandes transformações operadas no campo durante a unificação italiana. A professora Maria Thereza Schorer Petrone observou: "Grande parte da população italiana vivia do trabalho da terra: o censo de 1881 aponta 8.550.000 trabalhadores agrícolas para 4.416.079 industriais. O problema, entretanto, era que somente cerca de um sexto dos agricultores cultivava a própria terra; para os outros havia pouquíssimas esperanças de um dia se tornarem proprietários".[11] Esse proletariado do campo e das cidades fornecia o contingente visado pela propaganda dos países necessitados de mão de obra, entre os quais o Brasil, onde o braço escravo estava destinado a desaparecer mais cedo ou mais tarde.

Entretanto, enquanto durou a escravidão, o Brasil era sempre a última escolha dos emigrantes italianos, os quais se dirigiam preferencialmente para os Estados Unidos e Argentina, pela ordem.

---

[11] PETRONE, Maria Thereza Schorer. Imigração assalariada. *In*: HOLANDA, Sérgio Buarque de, (Dir) História Geral da Civilização Brasileira. São Paulo: Difel, 1969. p. 274

O café em Minas Gerais

O café foi introduzido em Minas Gerais a partir de mudas vindas do Rio de Janeiro para a Zona da Mata ainda no século XVIII. Essa região desenvolveu-se muito durante o século XIX, assim como todo o todo o sul de Minas, na região da Serra da Mantiqueira, famosa pela grande qualidade. Na expansão do Oeste paulista, muitos fazendeiros mineiros também participaram, abrindo fazendas e fundando algumas cidades.

O início da República: militares no poder

Quando o Império caiu, em 15 de novembro de 1889, mediante um golpe articulado por militares, assumiu a presidência da República o marechal Deodoro da Fonseca, um monarquista ressentido, característica de muitos republicanos de última hora. Nos primeiros anos da República, será uma parcela da restrita classe média, representada pelos militares, que conduzirá o processo político, relegando os proprietários rurais ao segundo plano.

A indefinição de propósitos conduzirá a República para sua primeira crise: os militares estavam divididos entre os "científicos" – jovens oficiais com formação universitária influenciados pelo positivismo, e os "tarimbeiros" – oficiais de carreira, muitos deles veteranos da Guerra do Paraguai, assim como Deodoro. Concordavam, porém, na defesa de um poder executivo forte e centralizador.

Por sua vez, os cafeicultores paulistas reunidos no Partido Republicano Paulista (PRP) tinham uma visão pragmática da República. Fortalecido com a adesão de muitos ex-monarquistas e escravocratas inconformados pela falta de indenização do capital empregado em cativos, o PRP pretendia o controle do aparelho de estado para defender os interesses da cafeicultura e, assim como os estancieiros gaúchos, também desejava maior autonomia estadual.

O governo de Deodoro duraria pouco. A política industrialista e fomentadora de crédito fácil executada por Rui Barbosa no Ministério da Fazenda levou o país à crise do encilhamento, caracterizada por grande inadimplência e descontrole inflacionário. Já adoentado e impaciente com as críticas da oposição, Deodoro tentou um golpe no dia 3 de novembro ao dissolver o Congresso e decretar o estado de sítio, gerando uma crise que o levaria à renúncia 20 dias depois.

O vice-presidente Floriano Peixoto assumiu o poder e até o final de seu mandato (1891-94) enfrentou sucessivas rebeliões e turbulências. Com muito custo manteve a unidade nacional, contando com o decisivo apoio de Bernardino de Campos, político mineiro radicado em São Paulo, então presidente da câmara federal. Esse fato, somado à decisão de Floriano de apenas cumprir o mandato de Deodoro, criou condições para o lançamento da candidatura à presidência do senador paulista Prudente de Morais, com apoio de diversos estados.

Café: hegemonia e crise

A vitória de Prudente de Morais (1894-98) representava o início da hegemonia da cafeicultura na República e a restauração do poder das oligarquias rurais. Em seu governo, conseguiu a pacificação do Rio Grande do Sul, em guerra civil desde a posse de Floriano. Sufocou duas rebeliões militares, derrotou impiedosamente os revoltosos de Canudos e conseguiu sobreviver a uma doença e até mesmo a um atentado contra sua vida. Seu sucessor foi Campos Sales, outra grande liderança do Partido Republicano Paulista. Sales prosseguiu na renegociação da dívida brasileira com os banqueiros londrinos, iniciada no final da gestão de Prudente. A crise do encilhamento havia conduzido o país a uma quebradeira geral. Não só isso: a excessiva oferta de crédito incentivou uma expansão enorme

Vista aérea de mata nativa destinada ao cultivo de café no norte do Paraná

dos cafezais no Oeste paulista, a qual levaria o país a uma superprodução nos anos seguintes.

Em 1896, com excesso de oferta e queda de preços, surgiram os primeiros sintomas da crise do café. Se, em parte, os problemas tinham suas origens na política econômica do início da República, também contribuíram outros fatores, tanto conjunturais como estruturais.

De um lado, a ocorrência de uma conjuntura favorável representada pela grande expansão econômica europeia e norte-americana durante o período de 1888 a 1895, com reflexos diretos no aumento do consumo de café nos mercados importadores, garantindo preços altos e relativamente estáveis para o produto. Esse fator, por si só, já era suficiente para estimular novos plantios de cafezais. Mas a ele somou-se a excessiva oferta de crédito no Brasil no decorrer dos anos de 1890 e 1891, alavancando ainda mais a expansão da área cultivada.

De outro lado, fatores estruturais também influenciaram o desenrolar da crise: a grande abundância de terras férteis ainda virgens e o sistema empregatício do colonato. Essa prática trabalhista adotada no estado de São Paulo incentivava uma contínua expansão da produção. O imigrante era estimulado a trabalhar em novos plantios, tanto como participante na venda de madeira da mata derrubada como pela possibilidade de ter suas próprias lavouras em meio aos corredores de cafezais.[12]

Somente no período de 1887 a 1906 entraram no estado de São Paulo cerca de 1,2 milhão de imigrantes, dos quais 800 mil italianos. E entre os anos de 1886 e 1896 o número de pés de café plantados no Brasil saltou de 141 milhões para 386 milhões.

Como o novo pé de café demora de quatro a cinco anos para dar a primeira colheita, a grande expansão da área plantada ocorrida durante o encilhamento apresentou seus primeiros resultados nas excepcionais safras de 1896/7 e 1897/8. Se na década anterior (1886/1896) a média de produção nacional era de pouco mais de 6 milhões de sacas, em 1896/7 aumentaria para 9,3 milhões e na colheita seguinte (1897/8) para 11,2 milhões. Assim, o aumento da produção sendo desproporcional à evolução do consumo acabou provocando a queda dos preços.

Pressão intervencionista

Surgiram então as primeiras discussões no Congresso Nacional sobre a queda de valor do café, com propostas de uma intervenção do governo no mercado para defender preços mínimos, mas sem sucesso. Não seriam as primeiras ameaças ao *laissez-faire*, pois desde a década anterior que cartéis de

---

[12] HOLLOWAY, Thomas H. *Vida e morte do Convênio de Taubaté*. Rio de Janeiro: Paz e Terra, 1978. p. 28.

atacadistas manipularam por algum tempo preços do produto no Rio de Janeiro, Nova York e Hamburgo. Entretanto, a recorrência de safras gigantes cada vez maiores pressionava ainda mais os preços para baixo. Então, pela primeira vez, começava a ser discutida no Brasil a possibilidade de compra de excedentes para posterior queima, recurso que só seria efetivamente utilizado a partir dos anos 30 do século xx, durante a grande recessão mundial.

É diante desse quadro crítico de crescentes déficits financeiros e comerciais, agravado pela desvalorização progressiva da moeda nacional, que Campos Sales assumiu a presidência da República em novembro de 1898. Logo no início de seu governo, Joaquim Murtinho, o ministro da Fazenda, deu início à execução do *funding loan* – acordo pelo qual o Brasil se comprometia a controlar seus déficits e reduzir a moeda circulante, política que resultaria em uma progressiva revalorização do mil-réis.

Para os cafeicultores, o ministro Murtinho recomendava que se controlassem os novos plantios, ao mesmo tempo em que repudiava qualquer possibilidade de intervenção na flutuação dos preços. De outro lado, Campos Sales costurava a chamada "política de cabresto", ao negociar mudanças legislativas no processo eleitoral pelas quais se consolidava a hegemonia dos cafeicultores, aliados às oligarquias rurais regionais, praticamente inviabilizando a alternância de poder.

A colheita de 1900-1 subiu para 11,3 milhões de sacas e na safra seguinte, 1901-2, para 16 milhões. Algo precisava ser feito para diminuir a oferta. Seguindo a orientação de Murtinho, o governo paulista proibiu o plantio de novos pés no início de 1903, cujos efeitos só seriam sentidos a partir de 1908. Enquanto isto, as pressões dos cafeicultores por medidas intervencionistas do governo federal no mercado aumentavam. Felizmente, uma forte geada atenuou a oferta das safras seguintes, mas os estoques mundiais continuavam altos.

Em agosto de 1903, o conde Alexandre Siciliano, banqueiro e empresário italiano radicado em São Paulo, propôs a formação de um consórcio composto por exportadores brasileiros, europeus e norte-americanos com o intuito de levantar dinheiro com banqueiros europeus para a compra dos excessos de produção. Como o café pode ser guardado por mais de dez anos, os estoques seriam desovados nas periódicas safras quebradas pelas geadas. Ao governo brasileiro caberia dar o aval à operação financeira, reter as novas safras nas fazendas, além de proibir novos plantios.

Mas havia quem se opusesse a uma intervenção que pudesse valorizar os preços do café. Eles argumentavam que os aumentos de preços em libras esterlinas trariam dois inconvenientes. Em primeiro lugar, os ganhos dos produtores nacionais seriam neutralizados pela progressiva revalorização do mil-réis, processo já em curso como resultado da política econômica de Murtinho, continuada por seu sucessor Leopoldo de Bulhões, ministro do recém-empossado governo de Rodrigues Alves. E, além disso, a valorização do preço em libra estimularia o aumento de produção nos países concorrentes da região do Caribe.

Preocupado com essa possibilidade de aumento da competição, o governo paulista enviou aos demais países produtores um especialista para avaliar o potencial da concorrência ainda em fins de 1904. O relatório de Augusto Ramos, cafeicultor e estudioso do mercado, tranquilizava os produtores nacionais ao informar que os concorrentes não teriam condições de aumentar as respectivas produções. Com base nessa avaliação, que se revelaria totalmente equivocada uma década depois, Jorge Tibiriçá, presidente de São Paulo, levou adiante a ideia da intervenção valorizadora.

Restava, entretanto, a questão da revalorização contínua do mil-réis, fruto da severa política fiscal de Murtinho, endossada

Rodrigues Alves

por Bulhões. A cada subida da moeda nacional em relação às moedas fortes o ganho em réis dos exportadores diminuía. Diante desse fato cresciam as pressões para uma revalorização mais lenta da moeda nacional, ou até para uma estabilização nos níveis já alcançados. Essa bandeira dos cafeicultores seria endossada pelos industriais, esses também preocupados com o progressivo barateamento dos artigos importados provocado pela revalorização do mil-réis.

Foi nesse cenário que a primavera de 1905 mostrou os primeiros sinais de uma florada extraordinariamente exuberante para a safra a ser colhida no ano seguinte nos cafezais paulistas. Paradoxalmente, o indício de fartura significava ruína à vista: uma safra estimada para cerca de 20 milhões de sacas poderia levar os preços internacionais mais para baixo ainda, diante de um consumo mundial de 16 milhões, dos quais cerca de 4 milhões eram fornecidos pelo Caribe. Ainda como agravante, os estoques em mãos dos grandes importadores já estavam em torno de 12 milhões de sacas.

O *lobby* a favor da intervenção tomou corpo. Cândido Rodrigues, deputado por São Paulo, dizia em um debate no Rio, registrado pelos jornais no início de dezembro de 1905: "Aguardar a ação do tempo, demorada e incerta, não é um programa de governo. É o fatalismo condenável, próprio de povos desvirilizados e incapazes de um esforço para a salvação".[13]

Pouco tempo depois, um convite foi formulado pelo presidente estadual paulista Jorge Tibiriçá aos presidentes do Rio e Minas, respectivamente Nilo Peçanha e Francisco Sales, para a realização de uma reunião de cúpula dos estados produtores de café na cidade paulista de Taubaté, no Vale do Paraíba.

---

[13] *CORREIO DA MANHÃ*, 1.12.1905, p. 1.

Jorge Tibiriçá

O Convênio de Taubaté e a primeira valorização do café

Nos dias 25 e 26 de fevereiro de 1906, a tradicional cidade de Taubaté, antigo reduto de bandeirantes, viveu a efêmera condição de capital do café brasileiro. Ante a iminência de agravamento de uma profunda crise na cafeicultura, na madrugada do dia 26, os governadores de São Paulo, Minas Gerais e Rio de Janeiro firmavam um pacto de defesa dos preços do café. Conhecido como o Convênio de Taubaté, esse acordo, com modificações substanciais, seria confirmado pelo Congresso Nacional por meio da votação de leis em julho e dezembro do mesmo ano, tornando-se a primeira intervenção direta do governo no mercado.

Embora a política de valorização dos preços do café efetivamente executada alguns meses depois não tenha seguido à risca todas as pretensões estabelecidas pelo convênio, mesmo assim ele acabou se tornando um símbolo caricatural da política do café na República Velha (1889-1930).

Na verdade, o Convênio de Taubaté não iniciou nem estabeleceu o plano definitivo de valorização do café, mas estimulou um debate mais intenso. Seu texto, atribuído a Augusto Ramos, o mesmo da viagem ao Caribe, era claro: o estado de São Paulo contrataria um empréstimo de até 15 milhões de libras esterlinas, garantido por uma sobretaxa de três francos por saca de café. O empréstimo seria depositado no tesouro nacional como lastro de uma Caixa de Conversão a ser criada pelo Congresso, a qual fixaria os índices de câmbio em níveis relativamente estáveis.

Ainda em meados de março, Rodrigues Alves, em final de mandato, rejeitou a vinculação da estabilização do câmbio ao plano, o qual seria aprovado pelo Congresso no final de julho – mas sem a criação da Caixa de Conversão, por exigência do então presidente. Essa só seria instituída em dezembro de 1906 após a posse do mineiro Afonso Pena, o novo presidente eleito, e de Davi Campista, o novo ministro da Fazenda.

A eleição de Afonso Pena marcou de fato uma sucessão presidencial de paulista por mineiro, mas não foi fruto de articulações diretas de políticos dos dois estados. Ao contrário, ela foi imposta a Rodrigues Alves por obra e graça do deputado federal gaucho Pinheiro Machado. No início de 1905, o brilhante parlamentar ficou inconformado com a comentada e alentada disposição de Rodrigues Alves de indicar Bernardino de Campos, um político de São Paulo, para sucedê-lo. Embora nascido em Minas, Bernardino de Campos havia trilhado sua carreira política em São Paulo e representava o PRP (Partido Republicano Paulista) na corrida presidencial.

Pinheiro Machado, poderoso controlador da Comissão de Verificação de Poderes do Congresso Nacional, responsável pelas "degolas" ou confirmações de diplomas dos candidatos eleitos, passou a criticar abertamente a continuidade paulista, assumindo a liderança de um expressivo conjunto de deputados de diversos estados. Esse grupo, que passa a ser chamado de "Coligação", ou simplesmente "O Bloco", força Rodrigues Alves a desistir da candidatura de Bernardino e aceitar a candidatura de Afonso Pena, proposta por Pinheiro.

Apesar das aparências, Pinheiro não morria de amores por Afonso Pena, ou vice-versa. Mas foi obrigado pelas circunstâncias da época a indicar o político mineiro, então vice-presidente, única alternativa não paulista possível, sobretudo dado ao enorme peso parlamentar de Minas Gerais. As relações entre ambos eram tensas. Afonso Pena, assim como Rodrigues Alves, havia sido conselheiro do Império, pecado político para um republicano idealista como Pinheiro.

E Pena não havia digerido totalmente a armadilha feita por Pinheiro alguns anos antes: ao tomar posse como vice-

Afonso Pena

-presidente da República em 1903, sucedendo ao titular Silviano Brandão que havia falecido antes de tomar posse, encontrou o cargo esvaziado por uma lei proposta por Pinheiro, e votada às pressas, que restringia o poder do vice, tornado-o uma figura decorativa.

Muitas vezes, as conveniências políticas de momento falam mais alto que antigas diferenças. E, nesse caso, não foi por muito tempo. Logo depois de ser eleito, Pena passou a falar grosso: "Quem faz política sou eu!" E montou seu ministério com convites pessoais, indicando para seu líder parlamentar

Carlos Peixoto, um jovem e talentoso orador mineiro, o qual seria eleito presidente da Câmara com apenas 24 anos.[14]

Por sua vez, Pinheiro, combativo, porém experimentado, procurou retrair-se, aceitando o jogo pesado do poder executivo recém-empossado, classicamente sempre vigoroso em início de mandato. Assim, ele e seu "Bloco" não criariam problemas de aprovação no poder legislativo das iniciativas do Palácio do Catete, dentre elas a criação da Caixa de Conversão.

A Caixa foi um instrumento eficaz na estabilização do câmbio até o início da Primeira Guerra Mundial, enquanto houve lastro em ouro para suas emissões. Na prática, o plano de valorização de café retornou à ideia original de Siciliano ao estabelecer um consórcio entre os estados produtores e grandes negociantes internacionais de café, sem os quais seria ingenuidade pretender qualquer sucesso.

De fato, até mesmo para obtenção dos empréstimos pelo estado de São Paulo a participação desses grupos foi decisiva, assim como seria fundamental na administração dos estoques nos portos norte-americanos e europeus. O principal articulador do plano de valorização do café aplicado na prática foi Hermann Sielcken, um grande atacadista norte-americano de origem alemã, com negócios em Nova York e Hamburgo. Seu representante no Brasil era a firma Theodor Wille & Co., a maior exportadora de café pelo porto de Santos, à qual coube coordenar todas as compras para o consórcio, iniciadas ainda em outubro de 1906.

O café comprado era enviado para armazéns na Europa e nos Estados Unidos (Nova York). Na Europa, a maioria das sacas era guardada nos portos do Havre, Antuérpia e Hamburgo e, em menor quantidade, em Londres, Roterdã, Bremen, Marselha e Trieste. Em 1907, totalizavam mais de 7 milhões

---

[14] COSTA PORTO. *Pinheiro Machado e seu tempo*. Rio de Janeiro: Ed. José Olympio, 1951. p. 124.

de sacas. A natureza ajudou com geadas na pequena safra de 1907-8, a partir de quando também começou a surtir efeito a interrupção de novos plantios iniciada em 1903.

A partir de 1908, depois da superação de algumas divergências entre os estados produtores, o plano deslanchou: um grande empréstimo de 15 milhões de libras foi obtido pelo estado de São Paulo com banqueiros europeus, sob o apadrinhamento de Afonso Pena. O governo federal além de ter atuado na solicitação do empréstimo participou também como avalista da operação. Em troca, Pena obtinha o compromisso do Partido Republicano Paulista de apoiar a candidatura à Presidência da República de Davi Campista, seu ministro da Fazenda.[15]

Por exigência dos credores, foi formado um comitê de sete membros, dos quais só um era brasileiro, representando a única exportadora nacional, a "Prado, Chaves". Contrariando a ideia original do Convênio de Taubaté, os estados produtores perdiam o controle do plano, apenas guardando como garantia o interesse mútuo que mantinham com os grandes atacadistas e com seus objetivos especulativos. Por contrato, qualquer disputa entre os participantes seria arbitrada pelo Banco da Inglaterra. O grande capital cafeeiro nacional aliado ao capital estrangeiro assumia o comando do esquema valorizador, afastando os produtores médios e pequenos das decisões estratégicas.

Mas o fato é que o plano funcionou nos anos seguintes, seja pela grande habilidade especulativa dos sócios estrangeiros, seja pela conjuntura favorável. A manipulação altista dos preços foi tanta que em 1913 o Departamento de Justiça dos Estados Unidos instaurou um inquérito que quase resultou na condenação de Sielcken por formação de cartel. Assustado, o operador do plano vendeu todo o estoque ainda remanescente em Nova York, mas manteve os da Europa.

---

[15] VISCARDI, Cláudia Maria Ribeiro. *Op. Cit.*

Pinheiro Machado

Principais membros do consórcio da primeira valorização (1906-14)

Arbuckle Brothers	Nova York
C. Arnstein	Trieste
Comptoir Commercial Anversois et Bunge	Antuérpia
Crossman & Sielcken	Nova York
Dafay Gigandet	Marselha
Fernand Sauquet	Havre
F. Metz	Havre
Frederic Jung	Havre
J. Henry Schroeder	Londres
Latham	Havre
Meeus & Zoonen	Roterdã
Prado, Chaves	Santos
Piemann Ziegler	Hamburgo
Société d'Importation et de Comission	Havre
Theodor Wille	Hamburgo
Westphalen	Havre
W. Schoffer	Roterdã

Fonte: Lalière, A. – *Le café dans l'état de Saint-Paul*, Paris, 1909, p. 385.

Enquanto isso, o panorama político no Rio de Janeiro havia mudado bastante. Ainda no decorrer de 1908, a indicação de Campista como candidato oficial provocou enorme irritação em Pinheiro Machado. Assim como não havia aceitado o continuísmo paulista de Rodrigues Alves, não endossaria a candidatura continuísta mineira. Consciente da fragilidade política do novo candidato, o qual até mesmo era rejeitado em seu estado natal, Pinheiro sentiu que era seu momento de reagir. Articulando abertamente contra a candidatura oficial conseguiu desmontá-la sem maiores dificuldades.

O ilustre jurista baiano Rui Barbosa era um nome bastante cogitado para ser a alternativa não paulista e não mineira, mas este hesita em definir sua candidatura. Surpreendendo os políticos, um grupo de militares lança a candidatura do marechal Hermes da Fonseca. Pouco depois, Pinheiro endossa a candidatura de Hermes, sobrinho de Deodoro, proveniente de família alagoana, mas nascido no Rio Grande do Sul. Quando Rui finalmente aceitou ser candidato, Pinheiro Machado já estava totalmente comprometido com a candidatura de Hermes, ajudando-o a sair-se vitorioso nas eleições de 1910. A partir daí Pinheiro Machado passa a reinar absoluto na Câmara, até ser tragicamente assassinado por um conterrâneo, seu desafeto em uma questão política regional, no início do governo Venceslau Brás (1915).

Quando foi iniciada a Primeira Guerra Mundial, em 1914, o estado de São Paulo tinha 1,8 milhão de sacas nos armazéns europeus, fato que possibilitou a continuidade de fornecimento, mesmo depois do bloqueio marítimo do Atlântico Norte pelos países beligerantes. Em 1915, o estado de São Paulo quitava todos os empréstimos tomados em 1908. E antes do término do conflito findava também a chamada primeira valorização do café. Durante a guerra, os estoques em portos controlados pelos alemães foram confiscados, mas pagos posteriormente em 1921.

A segunda valorização do café: 1917-20

A partir de 1912, a política cambial brasileira fundada na lógica de funcionamento da Caixa de Conversão começou a apresentar problemas. Além das crescentes emissões de papel-moeda lastreadas pelo fluxo de ingresso de libras do plano de valorização do café, aumentaram as entradas de novos empréstimos públicos e também de capital externo privado. Como resultado, os preços internos começaram a subir enquanto a taxa de câmbio continuava artificialmente estável. Assim, a inflação gerava novos déficits públicos, cobertos por novos empréstimos.

Ainda no início da guerra, em 1914, sem a alternativa de mais crédito, o governo federal viu-se pressionado a emitir moeda sem lastro, prática abandonada desde 1898 com a vigência do *funding loan*. Três anos após, os produtores de café se depararam com a necessidade de novos recursos para retirar do mercado o excedente de produção. Caso contrário, os preços poderiam baixar ainda mais, pois já estavam decaídos em decorrência dos grandes estoques retidos no Brasil, impedidos de serem embarcados para o Atlântico Norte.

Diante dessa conjunção de fatores e na falta de possibilidade de um novo empréstimo dos banqueiros europeus, a solução encontrada foi recorrer às emissões do governo federal, as quais geraram um empréstimo de 110 mil contos de réis ao estado de São Paulo, em 1917. Esse dinheiro foi suficiente para comprar 3,1 milhões de sacas nos portos de Santos e Rio de Janeiro. Atuando como um especulador no mercado, o governo do estado de São Paulo assumia todos os riscos de uma operação comercial, cujo sucesso ou não dependia de uma série de variáveis.

Nesse caso, a sorte sorriu para o estado de São Paulo, então governado por Altino Arantes (1917-20). Logo após a compra, foi fechado um contrato de fornecimento de 2 milhões de sacas para o governo francês. Ao mesmo tempo, com a diminuição dos estoques antigos e com o final da guerra, os preços começaram a subir em Nova York e nos portos europeus. Essa conjuntura já bastante favorável foi engrossada pela ocorrência de uma geada em 1918. Em 1920, todas as 3,1 milhões de sacas estavam vendidas com mais de 100% de lucro, o qual foi repartido igualmente entre a União e o estado de São Paulo.[16]

---

[16] DELFIM NETTO, Antonio. *O Problema do café no Brasil*. São Paulo: IPE/USP, 1981. pp. 98-99.

Estação de trem em Taubaté

A Bolsa de Café de Santos

Somente em 1917 começou a funcionar regularmente a Bolsa de Café de Santos, fundada oficialmente três anos antes (1914). A esperada criação da bolsa atendia a uma recomendação contida no artigo 4º do Convênio de Taubaté, o qual dizia explicitamente que "os governos contratantes, quando for julgado oportuno, estabelecerão os tipos nacionais de café, criando as bolsas ou câmaras sindicais para o seu comércio; de acordo com os tipos serão, então, fixados os preços (...)".

Embora tardia, era uma providência muito vantajosa aos produtores e exportadores nacionais, pois permitia uma certificação qualitativa do café brasileiro aqui mesmo, quebrando o monopólio da classificação norte-americana, até então praticada exclusivamente pela Bolsa de Café de Nova York.

A terceira valorização do café: 1921-24

O grande sucesso da última operação valorizadora animou o governo federal a assumir o comando de nova empreitada no ano de 1921, durante a gestão de Epitácio Pessoa na presidência da República (1919-22).

A partir de meados dos anos 1920, diante de uma queda nos preços do café provocada por um curto, mas profundo, período de recessão nos Estados Unidos, Epitácio autorizou a emissão do dinheiro necessário para a aquisição de 4,5 milhões de toneladas. Para tanto havia criado uma Carteira de Redesconto, órgão responsável por emissões do tesouro sem nenhum comprometimento de lastro em ouro ou moedas fortes, abandonando as rígidas políticas monetaristas adotadas até o início do conflito mundial (1914).

Em relação à bem-sucedida primeira valorização (1906-1918) havia outra diferença significativa e nada positiva: os novos plantios estavam liberados.

A continuidade das compras foi garantida com a contratação de novos empréstimos externos. Assim, o governo passava a deter mais da metade do estoque mundial de 8,5 milhões de sacas em 1922. A novidade dessa operação valorizadora seria o início de maior controle da entrada nos portos e a correspondente maior retenção no interior. O fim da recessão nos Estados Unidos e o aumento do consumo de café durante a Lei Seca fizeram os preços continuar a subir no transcorrer do ano de 1923.

No ano seguinte, o Brasil já tinha vendido todos seus estoques com bons lucros e pago integralmente o empréstimo

A Bolsa Oficial de Café, Santos

externo. Mas, ao mesmo tempo, continuava criando condições atraentes para seus competidores, os quais já produziam mais de 7 milhões de sacas em 1924, ante 4 milhões em 1900.

A defesa do café em plena crise política

Como vimos logo no início da Introdução deste trabalho, em outubro de 1921 o presidente Epitácio Pessoa enviou uma mensagem ao Congresso sugerindo a instituição de uma política permanente de defesa dos preços do café. Na mesma mensagem, era lembrado aos parlamentares que: *"O café representa a principal parcela do valor global da nossa exportação, sendo o produto que mais ouro fornece para a solução dos nossos compromissos no estrangeiro"*.

De forma quase dramática era enfatizado que *"diante do papel preponderante que o café representa hoje na economia nacional, lição amarga e eloquente dos fatos tornou iniludível a necessidade de organizar-se, o quanto antes, a defesa permanente desse produto"[...]*. Entretanto, após meses de discussões parlamentares, era sancionada em junho de 1922 uma lei que contemplava uma defesa dos preços de todos os produtos agrícolas nacionais, inclusive o café, criando o Instituto de Defesa Permanente da Produção Nacional.

Ao mesmo tempo, o país vivia uma grave crise política. As emissões feitas a partir de 1920 durante a terceira valorização haviam acelerado o processo inflacionário, resultando no aumento do custo de vida, principalmente para as populações urbanas. Essa insatisfação era capitalizada por militares descontentes, aos quais Epitácio havia negado aumento salarial.

Durante a campanha presidencial 1921-22, essas divergências ficaram claras: o mineiro Artur Bernardes, o candidato apoiado por Epitácio Pessoa, era rejeitado pelos militares, os quais passaram a apoiar a candidatura do fluminense Nilo Peçanha.

A candidatura de Peçanha havia sido lançada pelos estados do Rio Grande do Sul, Bahia e Pernambuco – descontentes com a hegemonia política da cafeicultura.

O Brasil estava mudando e as oligarquias no poder não percebiam toda a profundidade da transformação que se operava. Durante a Primeira Guerra 1914-18, a produção industrial aumentou consideravelmente, mas os salários ficaram praticamente congelados, mesmo diante de uma inflação crescente. Nas cidades aumentava a insatisfação da classe média e do operariado, excluídos tanto do processo político como dos ganhos da economia cafeeira. Na cidade de São Paulo, ocorreram três greves gerais sucessivas 1917-18-19, duramente reprimidas. Os trabalhadores, organizados em sindicatos controlados por anarquistas, lutavam por aumentos salariais e jornada de 8 horas diárias, entre outras reivindicações.

A eleição de março de 1922 deu a vitória a Artur Bernardes, causando grande frustração entre os militares, solidários com a insatisfação da classe média. Alguns meses depois, no dia 5 de julho, ocorreu no Rio uma insurgência que ficaria conhecida como a Revolta do Forte de Copacabana. Embora rapidamente sufocada, essa rebelião inauguraria um ciclo de contestações de militares, de início ao regime republicano então praticado, sobretudo ao seu viciado sistema eleitoral, marcado por fraudes e instrumentos normativos que dificultavam a alternância de poder.

Ao tomar posse em novembro do mesmo ano, em plena vigência do estado de sítio, o conturbado governo de Artur Bernardes desdenhou a instalação do Instituto Nacional de Defesa dos Produtos Nacionais, o qual nunca saiu do papel. Mas, confirmando as expectativas de seus opositores, deu continuidade à operação de defesa dos preços do café iniciada em 1921, porém abandonando as emissões sem lastro em ouro ou divisas fortes. Bernardes acrescentou um aparato adicional importante na área de infraestrutura com a construção de armazéns reguladores nos entroncamentos ferroviários das regiões produtoras – providência bastante oportuna diante do anúncio de uma nova grande safra para 1923-24.

Se por um lado essa iniciativa permitiu maior poder de controle sobre a retenção do café no interior, de outro descapitalizou o produtor devido ao aparecimento de problemas de ordem financeira, não previstos no planejamento do sistema. Os títulos emitidos como comprovantes de estoques retidos nos armazéns interioranos não obtiveram boa liquidez no mercado, obrigando os fazendeiros a descontá-los com perdas, em decorrência dos altos juros cobrados. Enquanto, na outra ponta, os certificados de armazenamento nos portos, controlados pelo grande capital cafeeiro nacional e pelos exportadores estrangeiros, sofriam grande valorização, alavancados pela preferência que despertavam nos agentes financeiros.

Porto de Santos

Essa operação valorizadora teve grande sucesso do ponto de vista comercial ao elevar os preços em Nova York de 10,9 para 22,2 cents de dólar p/libra-peso, entre janeiro de 1924 e o final do mesmo ano. Mas politicamente foi desastrosa, pois descapitalizou no curto prazo o fazendeiro brasileiro incapacitado de descontar adequadamente os títulos de armazenagem no interior, enquanto favorecia muito aos comerciantes com estoques nos portos, principalmente das companhias européias e norte-americanas.

Os problemas políticos ultrapassaram as fronteiras. Diante da grande alta de preços nos Estados Unidos, o tema passou a fazer parte da agenda de Herbert Hoover, então Secretário de Comércio dos Estados Unidos. Hoover, que seria presidente alguns anos depois (1929-33), estimulou a participação de investimentos norte-americanos na produção colombiana, apoiada também pelos grandes importadores internacionais, igualmente preocupados com o crescimento do poder de manipulação do Brasil obtido com a retenção efetiva de estoques no interior.

Descontentes com a falta de capital em suas mãos, no final de 1924 os fazendeiros pressionaram o governo federal a devolver o comando da operação de defesa dos preços do café ao estado de São Paulo, conseguindo já em novembro a transferência da administração dos armazéns. No mês seguinte, era criado o Instituto Paulista de Defesa Permanente do Café, ao qual cabia, entre outras atribuições, gerenciar o controle de entrada nos portos, dar liquidez aos títulos de armazenagem no interior com descontos a juros baixos e coordenar a compra de excedentes de oferta quando necessário.

Em 1925, mudou-se o nome do órgão para Instituto de Café do Estado de São Paulo. No ano seguinte, o presidente paulista Washington Luís era eleito sucessor de Bernardes. Pela primeira vez na República Velha, um político paulista

Artur Bernardes

efetivamente sucedia a um mineiro. Apesar de ser oriundo de uma família fluminense e ter nascido em Macaé, no estado do Rio, Washington Luís fez carreira política em São Paulo, onde se formou advogado.

Até 1927, o mercado manteve-se equilibrado em um bom patamar de preços, com uma atuação discreta e eficiente do Instituto no controle da oferta excedente no mercado, financiada por empréstimos contratados em Londres. Com o aperfeiçoamento alcançado no sistema de retenção no interior e o controle de entrada nos portos, esses procedimentos passaram também a ser praticados pelos estados de Minas Gerais, Rio de Janeiro e Espírito Santo. A ação conjunta dos quatro estados produtores foi formalizada na assinatura do chamado Segundo Convênio Cafeeiro.

O clima político parecia calmo e conciliador. Em fins de 1926, buscando uma aproximação com o Rio Grande do Sul, Washington Luís convidou o talentoso e brilhante parlamentar gaúcho Getúlio Vargas para ser o novo ministro da Fazenda. Em agosto do ano seguinte, Vargas era lançado candidato ao governo do Rio Grande do Sul, com o apoio tanto de Borges de Medeiros, poderoso chefe político gaúcho, como do próprio Washington Luís.

O primeiro desafio do segundo Convênio veio no início do segundo semestre de 1927, com o anúncio de uma florada excepcional para 1927-28. Mas, mesmo com uma colheita recorde de 26,1 milhões de sacas, a operação de defesa do preço funcionou bem. A safra seguinte foi pequena, consolidando o bom patamar dos preços dos últimos anos e afastando a ameaça de superprodução mundial que uma safra maior poderia trazer se somada à crescente produção dos concorrentes, incentivada pelo próprio governo norte-americano.

No histórico do ciclo produtivo do café brasileiro havia um registro estatístico que indicava uma tendência de ocorrência de duas safras pequenas após uma grande colheita. Mas, contrariando essa expectativa, a florada surgida no início do segundo semestre de 1929 prenunciava nova safra gigantesca como a de 1927-28. Apesar dessa pressão baixista de mercado, o Instituto permaneceu com um comportamento otimista, atuando eficientemente nos meses seguintes, conseguindo manter os preços estáveis e em bom nível durante agosto, setembro e início de outubro.

A crise

O governo federal comportava-se com exagerada confiança. Nem mesmo o aparecimento dos primeiros indícios de agravamento da crise cafeeira abalava a confiança do presidente Washington Luís. No seu currículo, além de advogado, Washington Luís foi historiador, especialista nos primórdios da colonização, com pesquisas publicadas. Mas demonstrou não ter sido um bom aluno da história republicana brasileira: ao anunciar seu apoio a Júlio Prestes, então presidente de São Paulo, para ser seu sucessor, repetiria o mesmo erro de Rodrigues Alves, estimulando uma aliança entre Rio Grande do Sul e Minas Gerais.

A insistência de Washington Luís em indicar Prestes para seu sucessor causou-lhe um grande desgaste com os políticos mineiros, liderados por Antônio Carlos, o então presidente do estado de Minas Gerais e também pretendente a ocupar a presidência da República. Pode-se dizer que terminava na prática a aliança café com leite, já em fins de 1928. Pouco depois era lançada a candidatura de Getúlio Vargas com o apoio de Antônio Carlos.

Assim, surgia em julho de 1929 a Aliança Liberal, uma coligação oposicionista formada pelos dois partidos políticos do Rio Grande do Sul (até então ferrenhos adversários históricos), pelo Partido Democrático de São Paulo (agremiação oposicionista ao governo federal e estadual, fundada em 1926), pelo Partido Republicano da Paraíba e, significativamente, pelo Partido Republicano Mineiro. Além disso, havia simpatizantes por todo o país, sobretudo os militares conhecidos como "tenentes", alinhados com os movimentos de contestação dos anos 1920.

Até que aconteceu o que não se poderia prever naquele momento, ou pelo menos antever toda a dimensão de sua repercussão dramática. No dia 24 de outubro de 1929, a Bolsa de Nova York sofreu o maior colapso de sua história, desencadeando um período de depressão econômica mundial que se arrastaria até o início da Segunda Guerra Mundial (1939).

O baque na economia americana e europeia foi enorme, alcançando em pouco tempo toda a economia mundial, seja pela queda nos preços de todas as mercadorias, seja pela grande retração do mercado financeiro. No início de outubro de 1929, o café tipo "Santos 4" estava cotado a 22,4 cents de dólar por libra-peso, mas em dezembro do mesmo ano já havia caído para 15,2 e, no final de 1930, atingia 10,5. Ou seja: perdeu mais da metade de seu preço, em pouco mais de um ano.

Essa tragédia capitalista provocou profundas mudanças políticas no mundo todo. Sua repercussão no Brasil não seria menos sentida. O presidente Washington Luís, antigo adepto da defesa do preço do café, resolveu abandonar os produtores diante da realidade baixista do mercado. Ingenuamente, o presidente acreditava que a baixa dos preços estimularia o consumo nos países importadores. Especulava então que o volume físico das exportações aumentaria o suficiente para gerar uma receita em divisas igual àquela estimada antes da crise, o que garantiria certa estabilidade no câmbio.

Mesmo com o aparecimento dos primeiros sintomas da crise, as eleições de março de 1930 apresentaram a vitória de Júlio Prestes. Mas, as forças aglutinadas na campanha presidencial de Getúlio Vargas ficaram inconformadas com o resultado das eleições, denunciando a existência de fraudes. E uma fração da Aliança Liberal, composta principalmente pelos tenentes, passou a articular abertamente em favor da derrubada do governo pela força.

No final de 1929 e início de 1930, o governo paulista pleiteou e, por fim, conseguiu empréstimos em Londres que totalizavam 22 milhões de libras. Esse feito era aparentemente surpreendente, pois o mundo todo se debatia com a escassez de crédito. Mas a façanha tinha um preço bem alto. Pois, de um lado, quase metade destinava-se à quitação de dívidas antigas aos mesmos banqueiros. De outro, todos os estoques acumulados de 16,5 milhões de sacas do Instituto estavam penhorados e deveriam ser colocados no mercado ao longo de dez anos. Ou seja: o Instituto perdia totalmente a liberdade de ação no mercado vendedor. Mais uma vez o capital externo demonstrava claramente quem mandava no jogo.

Enquanto isso, a situação econômica e a política se agravavam profundamente no Brasil. Contrariando a expectativa do governo federal, o volume físico do café exportado não aumentava, apesar da grande queda de preços. O que cresceu de fato ainda mais foi a insatisfação dos cafeicultores, até então os grandes pilares da República. A queda de receita de divisas estrangeiras, somada à fuga de capitais, depreciou ainda mais a moeda brasileira, fazendo aumentar o preço das mercadorias importadas, habitualmente consumidas nas cidades.

A evolução da crise econômica e o assassinato do ex-governador paraibano João Pessoa, um sobrinho de Epitácio que era aliado de Getúlio e seu candidato à vice na chapa derrotada, fizeram a temperatura política subir e revigoraram a articulação revolucionária a partir de julho de 1930. Embora tivesse sido motivado por questões locais, o assassinato de João Pessoa em uma confeitaria no Recife deu o tom emocional desejado pelos articuladores da sublevação, iniciada em 3 de outubro em Porto Alegre por militares e civis.

Na madrugada do dia 4, após alguma resistência, os revolucionários tinham controlado a capital gaúcha. Em dois dias tomaram também os estados de Santa Catarina e Paraná. E no Norte e no Nordeste houve uma debandada dos políticos governistas. Isolado do resto do país e contando apenas com o apoio de tropas legalistas em São Paulo e Rio, Washington

Getúlio Vargas

Luís convocou os reservistas para combater a rebelião, o que lhe acarretou um grande desgaste com a opinião pública na capital federal.

Após três semanas de resistência, o presidente Washington Luís abandonava o cargo pressionado pela cúpula militar, exatamente no dia 24 de outubro, data do primeiro aniversário da quebra da Bolsa de Nova York. Alguns dias depois, Getúlio Vargas, que chefiava uma coluna vinda do Rio Grande do Sul de trem, chegava ao Rio e assumia *"provisoriamente o governo da República como delegado da Revolução em nome do Exército, da Marinha e do povo"*.[1]

Era o dia 3 de novembro de 1930: a primeira fase republicana estava encerrada, com o abandono da Constituição de 1891. Iniciava-se uma fase de exceção no Brasil – interrompida apenas entre 1934 e 1935 – que se arrastaria até o término da Segunda Guerra Mundial (1945). Mas, o problema do café continuaria sendo a mais importante questão nacional. Mesmo no período ditatorial, a defesa dos preços do café foi assumida prontamente, voltando a ser centralizada pelo governo federal. Mas agora, diante de uma nova realidade, com novos problemas e novos métodos.

Diante de um mercado retraído e depreciado, e com grandes estoques somados a sucessivas superproduções no Brasil e nos concorrentes, o país passou a adotar a prática de queima dos excedentes. Praticadas no período compreendido entre os anos de 1931 e 1944, as incinerações alcançaram a incrível marca de 78,2 milhões de sacas de café. Ou seja: média anual de cerca de 6 milhões de sacas queimadas, o que representava entre 20 e 30% da safra.

---

[1] VARGAS, Getúlio. *Discurso de posse no Governo Provisório.* 3.11.1930, CPDOC/FGV.

Porto de Santos

Avaliação das intervenções no mercado

Autores de diferentes tendências concordam no reconhecimento da eficiência imediata das intervenções valorizadoras. Mas, também, na constatação de seus malefícios de longo prazo, sobretudo ao estimular o aumento da produção concorrente. Segundo o economista Celso Furtado *"o plano de defesa elaborado pelos cafeicultores fora bem concebido"*, mas, ao reduzir artificialmente a oferta *"engendrava a expansão dessa mesma oferta e criava um problema maior para o futuro"*.[2]

O cientista político Renato M. Perissinotto, estudioso da hegemonia política durante a Primeira República, demonstra claramente como o grande capital cafeeiro nacional aliou-se ao grande capital externo, afastando das decisões estratégicas da política econômica os pequenos e médios produtores de café: "é indispensável que se analise o capital estrangeiro não como mera variável externa, mas como força interna, econômica e politicamente, bastante ativa no bloco no poder".[3]

Para o ex-ministro da Fazenda Antonio Delfim Netto, estudioso do assunto em sua tese de doutorado na USP (*O problema do café no Brasil*), a primeira Valorização do Café teve efeitos negativos mais duradouros do que os efêmeros ganhos positivos ao criar *"condições excepcionais para a expansão da concorrência"* e ter aberto o *"precedente de uma intervenção que seria reclamada com frequência posteriormente"*. Delfim Netto reconhece explicitamente uma tensão dialética: *"O sistema continha em si mesmo a contradição que o acabaria liquidando. Mantidos os preços altos, interna e externamente, a liquidação do sistema era uma questão de tempo, pois em breve haveria uma superprodução incontrolável"*.[4]

Essa também é a avaliação do historiador brasilianista Thomas Holloway (*Vida e morte do Convênio de Taubaté*). Para ele, os maiores beneficiários foram os banqueiros que financiaram as compras dos excedentes e os grandes atacadistas europeus e norte-americanos. Para o Brasil, restaram as sequelas de longo

---

[2] FURTADO, Celso, *op. cit.*, p. 205.

[3] PERISSINOTO, Renato M. *Classes dominantes e hegemonia na República velha*. Campinas: Unicamp, 1994. p. 190.

[4] DELFIM NETTO, Antonio, *op. cit.*, p. 116.

prazo como a manutenção parcial de lavouras pouco eficientes, além do estímulo aos produtores do Caribe, Ásia e África.[5]

Iniciada em 1908, a defesa dos preços do café ultrapassou em muito o período de vigência da República Velha, finda em 1930. Diante de novos problemas e com novas práticas, ela prosseguiu até os anos 1950, independentemente de regimes políticos ou governos, tal a amplitude da dependência da economia brasileira ao produto. Mesmo a ditadura, instalada após a Revolução de 1930, continuou intervindo neste propósito diante do enorme peso relativo do café na economia.

Sobre as queimadas características desta fase (1931-44), quando foram incineradas mais de 78 milhões de sacas, pagas aos produtores mediante emissões do Tesouro, disse Celso Furtado: *"Praticou-se no Brasil, inconscientemente, uma política anticíclica de maior amplitude do que a que se tenha sequer preconizado em quaisquer dos países industrializados. Explica--se, assim, que já em 1933 tenha recomeçado a crescer a renda nacional no Brasil, quando nos Estados Unidos os primeiros sinais de recuperação só se manifestam a partir de 1934".*[6]

Para Celso Furtado, essas intervenções baseadas na queima de estoques estimulavam mais a atividade econômica como um todo do que os esquemas valorizadores da Primeira República. Como as queimadas eram financiadas por emissões, sem contratação de empréstimos externos, todo o capital ficava no mercado interno, alcançando tanto os fazendeiros, como toda a economia: indústria e produtores de outros estados voltados para o abastecimento do Sudeste. Isso em uma época em que os estados do Nordeste obtinham mais receita vendendo para os estados produtores de café do que em suas exportações para o exterior.

---

[5] HOLLOWAY, Thomas H, *op. cit.*, p. 98.
[6] FURTADO, Celso, *op. cit.*, p. 205.

Como observou Perissinotto, o café *"criava mercados que sustentavam a produção voltada para o mercado interno, era responsável pela estabilidade de nosso câmbio, pelo nível de nossas reservas, pelas nossas finanças e pela nossa capacidade de importar"*.[7] Não obstante, o descaso com outras atividades potencialmente promissoras, contribuiu para a crise política em 1930, pois *"se a hegemonia implica não apenas exclusão, mas também inclusão de interesses de outras classes e frações, a política do café com leite foi, ao mesmo tempo, o ponto fraco da hegemonia do capital cafeeiro. Foi a sua extrema rigidez que impediu sua continuidade"*.[8]

Vendo-se dessa perspectiva, apresenta-se como bastante relativa a recorrente simplificação contida em muitos manuais de História do Brasil que classificam de forma genérica e caricatural o período da Primeira República como se fosse um rodízio automático de exercício do poder entre paulistas e mineiros. Como vimos anteriormente, as duas únicas vezes em que o rodízio funcionou efetivamente foi em 1905-6, na sucessão Rodrigues Alves (SP), Afonso Pena (MG) e em 1924-5 na sucessão Artur Bernardes (MG), Washington Luís (SP).

Portanto, a bem da verdade, o chavão tão impropriamente repetido da alternância 'café com leite' nunca se cumpriu com regularidade: Nilo Peçanha (1909-10) era fluminense, Hermes da Fonseca (1910-14) gaúcho e Epitácio Pessoa (1918-22), o mais destacado defensor do setor cafeeiro entre todos os presidentes, era paraibano. No período compreendido entre os anos de 1889 e 1930, o Brasil teve 13 ocupantes da Presidência da República. Desses, apenas três eram paulistas natos e quatro nascidos em Minas Gerais. Mesmo considerando-se o fluminense Washington Luís como paulis-

---

[7] PERISSINOTTO, Renato M, *op. cit.*, p. 233.

[8] *Ibidem, op. cit.*, p. 237.

Nilo Peçanha

ta, por ter desenvolvido sua carreira política em São Paulo, a soma de paulistas e mineiros representaria 62% de todos os presidentes na Primeira República.

Presidentes do Brasil (1889-1930)

NOME	MANDATO	ESTADO
DEODORO DA FONSECA[25]	15/11/1889 - 23/11/1891	AL
FLORIANO PEIXOTO	23/11/1891 – 15/11/1894	AL
PRUDENTE DE MORAIS	15/11/1894 – 15/11/1898	SP
CAMPOS SALES	15/11/1898 – 15/11/1892	SP
RODRIGUES ALVES	15/11/1902 – 15/11/1906	SP
AFONSO PENA	15/11/1906 – 14/06/1909	MG
NILO PEÇANHA	14/06/1909 – 15/11/1910	RJ
HERMES DA FONSECA	15/11/1910 – 15/11/1914	RS
VENCESLAU BRAS	15/11/1914 – 15/11/1918	MG
DELFIM MOREIRA	15/11/1918 – 28/07/1919	MG
EPITÁCIO PESSOA	28/07/1919 – 15/11/1922	PB
ARTUR BERNARDES	15/11/1922 – 15/11/1926	MG
WASHINGTON LUÍS	15/11/1926 – 24/10/1930	RJ

Ou seja: de fato havia uma inegável hegemonia política do setor cafeeiro, mas ela não foi exercida exclusivamente por políticos mineiros e paulistas no poder central. E a hegemonia econômica do setor permaneceu após a Revolução de 1930, alcançando os anos 1960.

A recuperação dos preços do café depois do término da Segunda Guerra estimulou novamente o plantio em todo o planeta, incluindo Ásia e África, além dos tradicionais

---

[9] O marechal Deodoro da Fonseca foi chefe do governo provisório de 15.11.1889 a 26/02/1891, quando o Congresso Nacional o elegeu presidente da República.

produtores americanos. Essa ampliação desmedida levou a uma superprodução em 1957. A subsequente crise dos preços levou ao Acordo Internacional do Café, assinado pelos principais produtores e consumidores em 1962, o qual vigoraria até 1989.

Vista aérea de área de plantações de café

O café hoje

Desde os anos 1970, o café deixou de ser nosso principal item da pauta de exportações. Sua participação relativa diminuiu progressivamente, representando hoje menos do que 3% do total. Mesmo assim, o Brasil ainda é o primeiro produtor mundial e o segundo maior mercado consumidor. Para o país restou uma grande lição: a melhor defesa de preços e de mercados é o aumento da produtividade e da qualidade.

A produção de café no Brasil vive um momento de qualificação progressiva e grande diversificação. E nossas possibilidades para o futuro são fascinantes. Esse processo de avanço qualitativo e diversificado foi iniciado no princípio dos anos 1990, como resultado de uma combinação de fatores favoráveis. Hoje, o maior produtor nacional é o estado de Minas Gerais, o qual agregou terras do cerrado no cultivo de cafés finos através da irrigação artificial e da correção da acidez do solo, com grande sucesso.

Entre todos os países exportadores de café, o Brasil é o único que pode produzir todas as diversas variedades, das mais rústicas às mais saborosas. Nosso amplo território permite a produção dos dois tipos principais de café, arábica e robusta, e múltiplas subclassificações do tipo arábica, o mais saboroso. Essa condição é possibilitada pelas variações de latitude, altitude, características do solo e pluviosidade. Em função disso crescem as iniciativas em direção à demarcação de regiões e certificações de especificidade, com suas variações de sabor, aroma, acidez etc.

A extinção do IBC, Instituto Brasileiro do Café, em 1990, livrou o mercado de regulamentações anacrônicas que asfixiavam seu livre desenvolvimento. O que se viu a seguir foi um aumento de qualidade em todas as etapas da cadeia de produção, beneficiamento e comercialização. Tudo isso em busca da preferência de um consumidor cada vez mais exigente.

E foi também nos anos 1990 que se popularizaram nos Estados Unidos as casas de café direcionadas para degustação de grãos das melhores áreas produtoras de todo o mundo. E essa tendência se espalhou pelo planeta, conquistando até a Ásia, onde o chá imperava absoluto. Hoje, um dos mais promissores mercados de café é a China, com aumento crescente do consumo.

No processo de formação histórica do Brasil o café ocupa certamente um papel fundamental. O hábito de tomar café, incluído na alimentação dos brasileiros há quase três séculos, foi totalmente incorporado ao comportamento, estabelecendo um ritual de convivência social intimista.

Mas, além das implicações culturais, o café influenciou decisivamente nos rumos da economia e da política no Brasil. Em 1822, menos de um século após a sua introdução no Brasil (1727), José Bonifácio, o patriarca da Independência, recomendava a inclusão de um ramo de café ao escudo de armas do Império. E assim a sugestão foi acatada por D. Pedro I, ficando o símbolo do Império ladeado por um ramo de café e outro de tabaco.

O curioso é que o café ainda não era nosso maior produto de exportação, mas sem dúvida um dos mais apreciados. Em pouco tempo, porém, o café se tornou nossa maior fonte de divisas estrangeiras, passando a ser um setor cada vez mais influente nos rumos políticos.

A evolução da cultura do café modernizou o Brasil em diversos aspectos, seja pela instalação da infraestrutura ferroviária, seja pelo fomento ao desenvolvimento do mercado interno, seja pelo financiamento direto e indireto à industrialização. Nesse processo virtuoso assumiu um papel preponderante a imigração, com sua enorme contribuição cultural.

Página seguinte | Lavoura de café, Norte do estado do Paraná

Bibliografia

ALVIM, Zuleika. 'Imigrantes: a vida privada dos pobres do campo', *in* História da vida privada no Brasil. São Paulo: Cia. das Letras, 1998.

BOTELHO, Cândida Arruda Botelho. *Fazendas paulistas de café*. Rio de Janeiro: Nova Fronteira, 1984.

COSTA, Emília Viotti da. 'O escravo na grande lavoura' *in* HGCB (org. Sergio Buarque de Holanda). São Paulo: Difel, 1969.

COSTA PORTO. *Pinheiro Machado e seu tempo*. Rio de Janeiro: Ed. José Olympio, 1951.

DEAN, Warren. *Rio Claro: Um sistema brasileiro de grande lavoura*. Rio de Janeiro: Paz e Terra, 1977.

DELFIM NETTO, Antonio. *O Problema do café no Brasil*. São Paulo: IPE/USP, 1981.

FAORO, Raymundo. *Os Donos do poder*. Porto Alegre: Globo, 1977.

FURTADO, Celso. *Formação econômica do Brasil*. São Paulo: Cia. Editora Nacional, 2000.

HOLANDA, Sérgio Buarque de. *Caminhos e fronteiras*. São Paulo: Cia. das Letras, 1994.

HOLLOWAY, Thomas H. *Vida e morte do Convênio de Taubaté*. Rio de Janeiro: Paz e Terra, 1978.

LUNA, Francisco Vidal e KLEIN, Herbert S. *Evolução da sociedade e economia escravista de São Paulo, de 1750 a 1850*. São Paulo: Edusp, 2006.

MARTINS, Ana Luiza. *História do café*. São Paulo: Contexto, 2008.

MONTEIRO, J. M. *Os negros da terra*. São Paulo: Cia. das Letras, 1994.

PERISSINOTO, Renato M. *Classes dominantes e hegemonia na República velha*. Campinas: Unicamp, 1994.

PETRONE, Maria Thereza Schorer. *A lavoura canavieira em São Paulo*. São Paulo: Difel, 1968.

_____. Imigração assalariada. *In*: HOLANDA, Sérgio Buarque de, (Dir) História Geral da Civilização Brasileira. São Paulo: Difel, 1969.

PETRONE, Pasquale. *A Baixada Santista*. Edusp, 1965.

SAINT-HILAIRE, Auguste de. *Viagem à Capitania de São Paulo*. São Paulo: Edusp, 1976.

SODRÉ, Nelson Werneck. *Formação histórica do Brasil*. São Paulo: Brasiliense, 1967.

TAUNAY, A. E. *Subsídios para a história do café no Brasil colonial*. Rio de Janeiro: Depto. Nacional do Café, 1935

TOLEDO, Roberto Pompeu de. *A capital da solidão*. Rio de Janeiro: Objetiva, 2003.

Bibliografia comentada

DELFIM NETTO, Antonio. *O problema do café no Brasil*. São Paulo: IPE/Edusp, 1981.

O autor estuda a política e mercado do café no Brasil desde seu início, discorrendo sobre sua evolução histórica, usando os recursos analíticos da teoria econômica. Estudo clássico sobre o assunto, com conclusões importantes, entre as quais a de que a oferta tende a apresentar um movimento oscilatório próprio, que chama de "fator hereditário".

Por sua vez, a demanda do café exportado tem também uma "elasticidade da procura que depende do preço dos concorrentes". Demonstra que o mercado do café era instável estruturalmente, característica ampliada por conta de políticas governamentais. Essas, com seu efeito sobre os preços, e daí sobre a oferta e preços dos competidores, geravam também movimentos cíclicos no mercado. Assim, "a política cafeeira que mais convém não é a que procura obter o máximo de dólares por saca a curto prazo, mas aquela que assegura a receita máxima de divisas a longo prazo".

FURTADO, Celso. *Formação Econômica do Brasil*. São Paulo: Cia. Editora Nacional, 2000.

Quando jovem, Celso Furtado pretendia aprofundar diversas questões levantadas por Roberto Simonsen em seu livro clássico 'História Econômica do Brasil', publicado em 1937. E diversas destas questões foram tratadas em sua tese de doutorado na Sorbonne sobre a economia colonial brasileira em 1948. Quando residia na Inglaterra atuando como professor convidado da Universidade de Cambridge escreveu seu próprio clássico 'Formação Econômica do Brasil', em 1959.

A princípio pretendia explicar o Brasil para estrangeiros, mas foi muito além disso, pois sua contribuição para a historiografia econômica brasileira tornou-se fundamental para a compreensão de nosso processo histórico.

Furtado analisa comparativamente a ocupação do território brasileiro com outras regiões das Américas, discorrendo sobre nossos sucessivos ciclos econômicos. Imbricado a esse processo está a questão da evolução da mão de obra, passando pela escravidão, imigração e migrações internas. Conclui levantando dois aspectos principais a serem enfrentados pelo país: a industrialização e a diminuição das desigualdades regionais.

HOLLOWAY, Thomas H. *Vida e morte do Convênio de Taubaté*. **Rio de Janeiro: Paz e Terra, 1987.**

O livro é uma visão multilateral de um importante episódio da história econômica do Brasil e do sistema financeiro e comercial envolvendo o café. Em 1906, com a aproximação de mais uma grande safra que tendia a fazer baixar ainda mais os preços do café, já em declínio anteriormente, as lideranças políticas paulistas apelaram ao governo federal e aos dois outros grandes produtores de café, Minas Gerais e Rio de Janeiro, para estabelecerem uma ação conjunta para valorizar os preços.

Reunidos em Taubaté, no Vale do Paraíba paulista, os três estados resolveram pôr em prática um plano de valorização do café, em parceria com os grandes importadores e seus banqueiros. Posto em execução em 1908, o plano favorecia os grandes produtores, grandes exportadoras, estrangeiras na maioria, e os bancos europeus. Os pequenos e médios produtores, sem capacidade de armazenagem e estocagem, eram reféns dos agentes financeiros.

PERISSINOTTO, Renato M. *Classes dominantes e hegemonia na República Velha*. **Campinas: Unicamp, 1994.**

Uma cuidada análise sobre as articulações da oligarquia rural e comercial paulista com o poder central, bem como com as demais oligarquias regionais brasileiras. Destaca-se a constatação acerca do enorme peso e influência política dos interesses estrangeiros na condução dos rumos econômicos e políticos da Primeira República. Tributa o fim da hegemonia em 1930 como resultado do isolamento causado pela excessiva e quase exclusiva preocupação do estado com uma única mercadoria: o café.

Anexos

Trabalhadores rurais separam o café em lavoura

CRONOLOGIA BÁSICA DO CAFÉ NO BRASIL

1727	O sargento-mor Francisco de Melo Palheta traz as primeiras mudas de café da Guiana Francesa para Belém do Pará.
1731	Primeira exportação brasileira de café de Belém para Lisboa.
1760	Chegada das primeiras mudas de café ao Rio de Janeiro.
1779	Primeiras exportações de café pelo porto do Rio de Janeiro.
1830-40	O café passa a representar 40% do total das exportações brasileiras.
1840	O Brasil assume a liderança mundial na produção de café.
1847	Primeira experiência de trabalho assalariado na lavoura do café realizada em Ibicaba, São Paulo, por Nicolau de Campos Vergueiro.
1870-80	Café representava 56% das exportações brasileiras.
1896-7	Primeira supersafra brasileira de café: 9,3 milhões de sacas (diante da média de 6 milhões nos anos anteriores).
1897-8	Segunda supersafra brasileira de café: 11,2 milhões.
1898	Assinatura do *funding loan* em Londres, acordo do Brasil com seus credores internacionais, durante o governo de Campos Sales (1898-1902).
1900	As exportações de café representam 65% da pauta brasileira.
1900-1	Terceira supersafra: 11,3 milhões de sacas.
1901-2	Quarta supersafra: 16 milhões de sacas.
1903	Apresentação do plano de defesa dos preços do café feita pelo conde Siciliano.
1904	Envio da missão de Augusto Ramos aos países produtores da região do Caribe.
1905	Florada exuberante anuncia nova supersafra.
1906	Assinado o Convênio de Taubaté, em 25 de fevereiro. Aprovação do Convênio pelo Congresso Nacional, em julho.

	Aprovação da Caixa de Conversão pelo Congresso, em dezembro.
1906-7	Quinta supersafra: mais de 20 milhões de sacas.
	Início da primeira operação valorizadora do café.
1914	Caixa de Conversão passa a emitir moeda sem lastro em divisas estrangeiras, contrariando a sua lógica original de funcionamento.
1917	Início da segunda operação valorizadora dos preços do café. Começo de funcionamento regular da Bolsa de Café de Santos (02-05).
1918	Conclusão da primeira operação valorizadora do café.
1920	Fim da Caixa de Conversão.
	Conclusão da segunda operação valorizadora do café.
1921	Início da terceira operação valorizadora do café.
	O presidente Epitácio Pessoa envia mensagem ao Congresso propondo a defesa permanente do café (outubro).
1922	Congresso aprova lei criando o Instituto de Defesa Permanente da Produção Nacional.
	Inauguração do prédio da Bolsa de Café de Santos (07-09).
1924	Conclusão da terceira operação valorizadora do café.
	Criação do Instituto Paulista de Defesa Permanente do Café e início da quarta operação valorizadora do café.
1925	Mudança de nome para Instituto de Café do Estado de São Paulo.
1927	Assinatura do segundo Convênio Cafeeiro e início da quinta operação valorizadora do café.
	Florada exuberante para a safra (1927-28).
1929	Agosto: nova florada exuberante para a safra (1929-30).
	24 de outubro: quebra da bolsa de Nova York.
1930	24 de outubro: deposição de Washington Luís.
	3 de novembro: posse de Getúlio Vargas à frente do Governo Provisório.
1931	Retorno da valorização do café para o governo federal: criação do Conselho Nacional do Café.
1932	Primeira queima de estoques de café.

1933	Criação do Departamento Nacional do Café.
1944	Última queima de estoques de café, totalizando 78,2 milhões de sacas desde 1932.
1952	Criação do IBC – Instituto Brasileiro do Café.
1957	Supersafra mundial de café. Início da produção de café solúvel no Brasil.
1962	Assinatura do Acordo Internacional do Café.
1962-67	Plano de erradicação de 22 milhões de pés de café no Brasil.
1970	Plano de revigoração e renovação dos cafeeiros.
1975	Café deixa de ser o primeiro item de exportação.
1989	Fim do Acordo Internacional do Café.
1990	Extinção do IBC – Instituto Brasileiro do Café.

Taubaté no início do século XX

Glossário

CAFEICULTORES – Grandes produtores de café, vinculados diretamente às casas exportadoras, em sua maioria estrangeiras, é que serão os condutores da política econômica até 1930. Dentre os grandes produtores paulistas do final do Império e primeiras décadas da República encontramos, entre outras, as famílias Prado, Schmidt, Dumont, Prates, Arruda Botelho, Chaves, Souza Aranha, Almeida Prado, Magalhães, Mello de Oliveira, Penteado, Amaral. Firmas inglesas, francesas e alemãs também participavam da produção de café. Após os anos 1930, os grandes produtores de destaque serão Geremia Lunardelli e João Mellão.

Alemão de nascimento, Francisco Schmidt era um comerciante que vislumbrou boas possibilidades de negócios logo após a libertação dos escravos. Assim, financiado pela grande casa exportadora alemã Theodor Wille, adquiriu a fazenda Monte Alegre, na região de Ribeirão Preto. Sempre atrelado à Theodor Wille, tornou-se em 1913 no maior plantador de café do mundo, sendo conhecido como o 'rei do café', tendo falecido em 1924.

CAIXA DE CONVERSÃO – Criada em dezembro de 1906, por sugestão do Convênio de Taubaté, a Caixa de Conversão tinha a finalidade de estabilizar a taxa cambial, controlando a tendência a uma eventual revalorização excessiva da moeda nacional, ocasionada pela pressão exercida neste sentido após a grande entrada de divisas estrangeiras. Aos cafeicultores não interessava uma alta da taxa cambial, pois isso significava uma perda da receita em moeda nacional de cada saca exportada em libra esterlina. Foi um instrumento eficaz de política cambial até 1914, enquanto houve lastro em moedas fortes para suas emissões de papel-moeda, sendo extinta em 1920.

COMISSÁRIO – Intermediário entre os exportadores e os pequenos e médios produtores. Estes, somente conquistariam melhores condições de armazenamento e crédito nos anos de 1923 e 1924, durante a terceira valorização do café.

ENCILHAMENTO – Nome dado à política econômica de Rui Barbosa à frente do Ministério da Fazenda durante o Governo Provisório exercido pelo Marechal Deodoro da Fonseca (1889-91).

O termo "encilhamento" é uma referência ao aperto da sela dos cavalos efetuado antes de uma corrida. Dada a falta de papel-moeda em circulação no país, quatro bancos privados – sediados respectivamente na Bahia, Rio de Janeiro, São Paulo e Rio Grande do Sul – foram autorizados a emitir dinheiro sem lastro para a concessão de créditos à atividade econômica. Acreditava-se que a grande oferta de capital estimularia o desenvolvimento comercial e industrial do país, mas o resultado foi o inverso.

A formação de sociedades por ações era incentivada fortemente, mas vários empreendimentos eram totalmente fictícios, causando grande inadimplência, a quebra de muitas empresas, inflação e a depreciação da moeda.

FAZENDA DE CAFÉ – A fazenda de café teve diversas formas de distribuição das dependências voltadas para o processamento da colheita ao longo do tempo, mas estas sempre se resumiram basicamente nas etapas de separação, secagem e armazenamento. O estado de São Paulo tem muitas fazendas de café em bom estado de conservação, algumas delas transformadas em museus e abertas à visitação pública. Podemos destacar:

Empyreo, no município de Leme
Ibicaba, no município de Cordeirópolis
Pau d'Alho, no município de São José do Barreiro
Pinhal, no município de São Carlos
Resgate, no município de Bananal
Santa Eudóxia, no município de Ipauçu
Santa Gertrudes, no município de Santa Gertrudes

FUNDING LOAN – Nome pelo qual ficou conhecido o acordo feito pelo governo brasileiro com seus credores em Londres, no ano de 1898. Esse acordo, celebrado pelo presidente Campos Sales

(1898-1902), resultou em um empréstimo com carência de alguns anos que garantia o pagamento de dívidas antigas em atraso e o reequilíbrio das finanças brasileiras. Em contrapartida, o país comprometia-se a exercer uma severa política fiscal com o objetivo de retirar moeda de circulação e revalorizar progressivamente o mil-réis, então bastante depreciado pelas sucessivas crises da última década do século XIX.

MAQUINÁRIO – Ainda no Império surgiram as primeiras iniciativas de utilização de máquinas no processamento do café. Por volta de 1850, chegava a Campinas o norte-americano William Van Vleck Lidgerwood, representante das máquinas de costura Singer. Lá vislumbrou a potencialidade de aplicação de maquinário no processamento do algodão e do café. Em 1862, abriu uma empresa atuante em Campinas e sediada no Rio de Janeiro, fabricando descaroçadores de algodão e beneficiadoras de café, essas últimas premiadas pelo imperador com monopólio até 1890. A partir de então, entram outros fabricantes nesse mercado, sobretudo os concorrentes Arens e Mac Hardy.

TAXA DE CÂMBIO – A taxa de câmbio é o preço de uma moeda de um país em relação a outras moedas de outros países. No passado essa relação era baseada no padrão ouro ou prata. Ao longo do tempo, diversas práticas de regimes cambiais foram adotadas, em duas modalidades genéricas: o câmbio fixo e o câmbio flutuante. Atualmente, o Brasil adota o câmbio flutuante, regulado pelas oscilações do mercado de capitais. Mas durante muito tempo nosso regime cambial foi fixo em relação ao padrão ouro. Esse sistema foi praticado durante todo o Império, abandonado nos primeiros anos da República e retomado no período 1898-1929. A variação da taxa de câmbio sempre beneficia algum setor produtivo e prejudica outro, dependendo do seu interesse específico. Por exemplo: para quem exporta não interessa uma moeda muito valorizada, pois isso eleva o preço final do produto e diminui seu poder de competição no mercado internacional, mas beneficia quem tem que importar componentes ou mercadorias. Se, ao contrário, a moeda se desvaloriza, o exportador é beneficiado e o importador prejudicado. Assim, quanto mais a economia de um país for controlada pelo estado, mais a política cambial estará refletindo a hegemonia de algum grupo.

Verbetes

PERSONALIDADES CITADAS

Afonso Pena (1847-1909)

Afonso Augusto Moreira Pena nasceu em Santa Bárbara, Minas Gerais. Formou-se em Direito em São Paulo. Foi presidente do estado de Minas Gerais entre 1892 e 1894, sendo o primeiro a ser eleito pelo voto direto. Foi durante seu governo que se decidiu pela mudança da capital do estado, de Ouro Preto para a Freguesia do Curral d'El Rei, hoje Belo Horizonte.

Ainda no Império, ocupou alguns ministérios: da Guerra (1882), da Agricultura, Comércio e Obras Públicas (1883 e 1884), e da Justiça (1885). Afonso Pena foi eleito presidente da República em 1906, com o apoio do parlamentar gaúcho Pinheiro Machado.

Teve importante papel no estabelecimento do primeiro plano de valorização do café. Tentou sem sucesso indicar seu sucessor, o também mineiro Davi Campista. Foi em sua gestão que se realizou a expedição de Cândido Rondon, ligando o Brasil pelo telégrafo. Outra marca de sua administração foi a construção de ferrovias. Faleceu no exercício do cargo.

Afonso Sardinha (?-1616)

Português de nascimento, foi um dos primeiros e mais prósperos moradores de São Paulo de Piratininga, onde exerceu diversos cargos como almotacel, vereador e juiz. Foi também sertanista, combatendo e aprisionando índios. Além de proprietário de fazendas e casas na vila, descobriu as minas de ferro de Araçoiaba, onde instalou uma forja na qual se produziam facões, machados e anzóis, produtos largamente usados na época em escambos com os indígenas.

Alexandre Siciliano (1860-1923)

Financista e industrial italiano radicado em São Paulo em fins do século XIX, muito influente na sociedade paulistana da época. Seu palacete na avenida Paulista, construído em 1896, foi o primeiro projeto do famoso arquiteto e construtor Ramos de Azevedo no logradouro. Recebeu do Papa Bento XV o título de conde papal.

Altino Arantes (1876-1965)

Altino Arantes Marques, político paulista, nascido em Batatais. Formado em Direito, elegeu-se deputado federal várias vezes, antes e depois de exercer a presidência do estado de São Paulo (1916-1920). Em 1930, era o presidente da Comissão de Verificação de Poderes, fiel a Washington Luís, e foi o responsável pela 'degola' de vários parlamentares oposicionistas de Minas Gerais e Paraíba, pouco antes da Revolução. Na sua gestão como presidente do estado fundou o Banespa – Banco do Estado de São Paulo.

Antônio Carlos (1870-1946)

Antônio Carlos Ribeiro de Andrada, nascido em Barbacena, MG, era oriundo de tradicional e influente família de políticos: sobrinho-neto do patriarca da Independência, José Bonifácio de Andrada e Silva, neto de Martim Francisco de Andrada e Silva e filho do senador Antônio Carlos de Andrada.

Cursou a Faculdade de Direito em São Paulo, onde se tornou adepto da causa republicana, ainda em pleno Império. Seu primeiro cargo político foi o de vereador em Juiz de Fora. No início do século xx assumiu a Secretaria de Finanças de seu estado. Exerceu diversos cargos, entre eles o de deputado federal e ministro das Finanças no governo federal de Venceslau Brás.

Em setembro de 1926, elegeu-se presidente do estado de Minas Gerais. Esperava ser indicado à sucessão de Washington Luís à Presidência da República, mas foi preterido em favor de Julio Prestes, então presidente de São Paulo. Esse fato o levou a apoiar a Aliança Liberal, coligação política que lançou Getúlio Vargas à presidência, sendo também um dos líderes da Revolução de 1930.

Antonio Delfim Netto (1928)

Foi ministro da Fazenda e da Agricultura. Nascido na capital paulista em 1º/05/1928, Delfim Netto formou-se pela Faculdade de Ciências Econômicas e Administrativas da Universidade de São Paulo, onde ocupou a Cátedra de Economia Brasileira. Sua carreira acadêmica ganhou destaque com as repercussões de sua tese de doutorado: 'O problema do café no Brasil'; e também como professor de uma destacada geração de alunos, economistas que ocupariam altos cargos em suas administrações, conhecidos na época como os "Delfim boys": Afonso Celso Pastore, Miguel Colasuonno e Carlos Viacava.

Foi secretário de Fazenda em São Paulo (1966-67), durante o governo Laudo Natel. Em 1967, foi convidado pelo presidente Costa e Silva para ocupar o cargo de ministro da Fazenda, permanecendo nessa pasta na gestão de Emílio Garrastazu Médici.

É considerado o responsável pelo 'milagre econômico' do governo Médici (1969-1974). Também ficou associado ao 'arrocho salarial', herdado de Roberto Campos, e ao autoritarismo do governo a que servia, quando as reivindicações trabalhistas eram consideradas crimes contra a segurança nacional.

Entretanto, elevou o nível técnico da administração fazendária, tanto no governo federal como também em sua gestão estadual em São Paulo. Foi embaixador do Brasil na França (1975-78). Era ministro da Agricultura (1979) quando foi nomeado para o cargo de ministro-chefe da Seplan (Secretaria de Planejamento da Presidência da República), cargo em que permaneceu até 1985, servindo o governo de João Batista Figueiredo.

Com a abertura democrática, conseguiu eleger-se deputado federal por São Paulo em cinco legislaturas, por várias siglas partidárias, até 2006, quando não obteve votação suficiente para reeleger-se. Atualmente é consultor de empresas.

Artur Bernardes (1875-1955)

Artur da Silva Bernardes nasceu em Viçosa, MG. Formou-se em direito em São Paulo, em 1900. Foi deputado federal pelo Partido Republicano Mineiro de 1909 a 1910 e de 1915 a 1917. Foi presidente de Minas Gerais de 1918 a 1922, quando conseguiu quebrar a hegemonia política do sul de Minas na política estadual e impor uma candidatura da Zona da Mata.

Presidente da República de 1922 a 1926, seu mandato foi bastante turbulento, governando com o estado de sítio. Teve de enfrentar a Revolução de 1924 em São Paulo e o decorrente movimento tenentista que resultou na Coluna Miguel Costa - Luís Carlos Prestes. Foi articulador do movimento de 1930 em Minas Gerais, mas em 1932 apoiou a Revolução Constitucionalista baseada em São Paulo, sendo preso e exilado em Portugal até a anistia de 1934.

Com relação à economia cafeeira, foi o presidente da República que mais investiu em infraestrutura, ao instalar armazéns nas regiões produtoras, favorecendo os pequenos e médios agricultores, aumentando sua capacidade de retenção de estoques.

Assis Brasil (1857-1938)

Joaquim Francisco de Assis Brasil, político gaúcho de grande destaque, foi um dos articuladores do movimento republicano em seu estado. Formou-se em Direito em São Paulo e em seguida iniciou carreira política no Rio Grande do Sul. Foi deputado provincial ainda no Império e posteriormente deputado federal no início da República.

Participou da equipe do Barão do Rio Branco, que conseguiu a anexação do Acre ao país, como também de outras importantes missões diplomáticas. Além de ter sido uma das maiores lideranças políticas de seu estado, foi também um próspero e ativo empresário agrícola, responsável pela introdução do gado Jersey no país.

Em 1922, foi lançado candidato de oposição a Borges de Medeiros. Derrotado, não aceitou o resultado alegando ter sido fraudado, desencadeando a Revolução de 1923. Em dezembro, foi alcançado um acordo, o Tratado de Pedras Altas, pelo qual se reformava a Constituição Estadual de 1891 e aceitava o resultado da eleição, mas impedia que Borges de Medeiros se candidatasse mais uma vez.

Augusto Ramos (1860-1939)

Augusto Ferreira Ramos, nascido no Rio de Janeiro, era engenheiro e professor da Escola Politécnica de São Paulo. Além de ser um especialista em café e autor de livros sobre o tema, foi o idealizador do caminho aéreo do Pão de Açúcar, que resultaria no famoso 'bondinho'.

Foi incumbido pelo governo estadual paulista a fazer uma viagem aos demais países americanos produtores de café para avaliar suas potencialidades produtivas. Seu estudo contribuiu para a má projeção e avaliação da produção concorrente, ao considerar que esses países não teriam condições de aumentar as respectivas produções. O tempo mostrou que estas previsões estavam equivocadas.

Bernardo José de Lorena (1756-1818)

Bernardo José de Lorena e Silveira foi o quinto conde de Sarzedas, pertencente a influente família portuguesa. Serviu no Brasil e na Índia, ocupando altos cargos da administração colonial portuguesa. Foi nomeado governador da capitania de São Paulo em 1788, sucedendo ao Morgado de Mateus, permanecendo nove anos nesse cargo.

Sua obra mais importante foi a Calçada do Lorena, o primeiro caminho calçado com pedras na Serra do Mar que ligou o litoral ao planalto e à cidade de São Paulo. Também promoveu diversos melhoramentos urbanos na cidade de São Paulo. Terminado este seu governo, que durou até 28 de junho de 1797, quando entregou o cargo a Antônio Manuel de Melo Castro e Mendonça, foi substituir o Visconde de Barbacena no governo da província de Minas Gerais. Ali fundou a cidade de Campanha.

Em 1806, foi nomeado vice-rei da Índia, que governou por também nove anos, até 29 de novembro de 1816. Estabeleceu-se em Goa, onde conviveu nos primeiros anos com tropas inglesas lá aquarteladas enquanto perdurou a ameaça napoleônica.

Bernardino de Campos (1841-1915)

Bernardino José de Campos Júnior foi político importante no início da era republicana. Nasceu em Pouso Alegre, MG, mas trilhou sua carreira política em São Paulo, onde foi governador por duas vezes: de 23 de agosto de 1892 a 15 de abril de 1896 e de julho de 1902 a maio de 1904.

Formado pela Faculdade de Direito de São Paulo, atuou como jornalista abolicionista, sendo um dos fundadores do Partido

Republicano Paulista (PRP). Foi também ministro da Fazenda (1896-1898), durante o governo de Prudente de Moraes.

Borges de Medeiros (1863-1961)

Antônio Augusto Borges de Medeiros foi um dos mais destacados líderes políticos gaúchos na Primeira República. Sucessor do caudilho Júlio de Castilhos, governou o Rio Grande do Sul por vários anos. Entre os anos de 1898 e 1928, só esteve ausente do executivo estadual no período de 1908 a 1913, quando resolveu dedicar-se aos negócios agropecuários de família. Em 1928, lançou a candidatura de Getúlio Vargas para substituí-lo no governo estadual. Dois anos depois, em 1930, apoiou a revolução que levaria Vargas ao comando do país, mas em 1932 estava do lado dos constitucionalistas paulistas, combatendo seu antigo afilhado. Derrotado, foi confinado em Pernambuco.

Campos Sales (1841-1913)

Manuel Ferraz de Campos Sales nasceu em Campinas, oriundo de família de cafeicultores. Formado em Direito, começou na política como deputado provincial em 1867, defendendo a causa republicana.

Foi um dos principais organizadores da Convenção de Itu, em 1873, quando foi criado o Partido Republicano Paulista (PRP). Dois anos após, com Américo Brasiliense, coordenou a formação de um grupo de acionistas que fundaram o jornal *A Província de S. Paulo* (hoje *O Estado de S. Paulo*) com o propósito de difundir a causa republicana e abolicionista.

Foi eleito presidente da República em 1898, tendo de enfrentar a grave crise monetária que o país atravessava, negociando com os credores ingleses o *funding loan*, acordo pelo qual era refinanciado o déficit brasileiro, mediante grande rigor fiscal. Conduziu também as negociações envolvendo os conflitos de fronteira entre Amapá e Guiana Francesa e fez as primeiras gestões junto à Bolívia para a anexação do território do Acre.

Cândido Rodrigues (1850-1934)

Antônio Cândido Rodrigues nasceu em São Paulo, mas fez seus estudos na Escola Militar do Rio de Janeiro. Lutou na Guerra do Paraguai, tendo atingindo posteriormente o posto de general. Foi ministro da Agricultura no governo de Nilo Peçanha e, anteriormente, secretário da Agricultura do estado de São Paulo nos governos Rodrigues Alves e Albuquerque Lins. Foi deputado e senador pelo estado de São Paulo, quando defendeu os interesses dos cafeicultores paulistas na capital da República.

Carlos Peixoto (1882-1917)

Carlos Peixoto de Melo Filho, formado na Faculdade de Direito de São Paulo, foi deputado federal por Minas Gerais e líder da bancada de seu estado na Câmara Federal por delegação do presidente estadual João Pinheiro. Posteriormente foi líder da maioria no governo de Afonso Pena (1906-1909). Apoiou Rui Barbosa na Campanha Civilista de 1910. Faleceu precocemente.

Cláudia Viscardi (1962)

Cláudia Maria Ribeiro Viscardi é graduada em História pela Universidade Federal de Juiz de Fora. É mestre em Ciência Política pela Universidade Federal de Minas Gerais e doutora em História pela Universidade Federal do Rio de Janeiro. É professora-adjunta da Universidade Federal de Juiz de Fora, onde leciona nas cadeiras de História do Brasil República e História de Minas Gerais. É coautora do livro *Solidariedades e Conflitos: História da vida e trajetória de grupos de Juiz de Fora* (EDUFJF), bem como de vários artigos publicados em revistas acadêmicas.

Celso Furtado (1920-2004)

Celso Monteiro Furtado foi um dos maiores intelectuais brasileiros do século xx. Singularizou-se por sua análise histórica em busca de uma explicação estrutural para o subdesenvolvimento latino-americano. Nascido em Pombal, na Paraíba, formou-se em Direito em 1944 e, nesse mesmo ano, foi para a Itália como integrante da Força Expedicionária Brasileira (FEB).

Fez doutorado em Economia na Universidade de Paris-Sorbonne, defendendo tese sobre a economia brasileira. Retornou ao Brasil e logo mudou-se para o Chile, tornando-se membro da Comissão Econômica para a América Latina (Cepal), órgão das Nações Unidas, dirigido pelo economista argentino Raul Prebisch.

Na década de 1950, Furtado presidiu o Grupo Misto Cepal-BNDES, que elaborou um estudo sobre a economia brasileira, fulcro do Plano de Metas do governo de Juscelino Kubitschek. Foi professor convidado da Universidade de Cambridge, na Inglaterra, quando escreveu Formação Econômica do Brasil, um clássico da história do pensamento econômico brasileiro, cuja primeira edição foi publicada em 1959. Nesse ano, a pedido do presidente Juscelino Kubitschek, criou a Superintendência do Desenvolvimento do Nordeste (Sudene).

Em 1962, o presidente João Goulart o convidou para ocupar o recém-criado Ministério do Planejamento, quando elaborou o Plano Trienal de Desenvolvimento Econômico e Social. Com o golpe militar de 1964, o Ato Institucional nº 1 cassou seus direitos políticos por dez anos. No exílio, foi professor da Universidade de Yale e Columbia, nos Estados Unidos; de Cambridge, na Inglaterra e, durante 20 anos, titular da cadeira de Economia do Desenvolvimento e Economia Latino-americana na Sorbonne.

Com a Lei da Anistia em 1979, recuperou seus direitos políticos e, em 1981, filiou-se ao Partido do Movimento Democrático Brasileiro (PMDB), conciliando sua militância política com os trabalhos acadêmicos, como diretor da École des Hautes Études en Sciences Sociales, em Paris. Na Nova República foi embaixador do Brasil junto à Comunidade Econômica Europeia e ministro da Cultura no governo José Sarney. Em 1967 foi eleito para a Academia Brasileira de Letras.

Celso Monteiro Furtado faleceu no Rio de Janeiro, em 20 de novembro de 2004, deixando como legado uma vasta obra com centenas de publicações, muitas delas traduzidas em vários idiomas, nas áreas de economia e cultura, incluindo sua autobiografia.

Davi Campista (1863-1911)

Davi Morethson Campista, embora nascido no Rio de Janeiro, desenvolveu carreira política em Minas Gerais. Bacharelou-se em Direito em São Paulo (1883). Após ter exercido o mandato de deputado federal por Minas Gerais, em 1898 assumiu o cargo de secretário das Finanças de seu estado. Nomeado ministro da Fazenda no governo de Afonso Pena cuidou logo da criação da Caixa de Conversão, instrumento básico da política de valorização do café. Ao deixar o ministério foi nomeado representante diplomático do Brasil na Dinamarca, onde faleceu.

Delfim Moreira (1868-1920)

Delfim Moreira da Costa Ribeiro nasceu no município de Cristina (MG). Pertenceu à geração dos republicanos históricos, formados em 1890 na Faculdade de Direito de São Paulo. Foi promotor público, vereador e deputado estadual (1894-1902) em Minas Gerais. No governo de Francisco Antônio Sales ocupou a secretaria do Interior.

De 1914 a 1918, foi presidente de Minas Gerais, sendo eleito vice-presidente da República na chapa de Rodrigues Alves. Com o falecimento desse logo após a eleição, ocupou a Presidência em novembro de 1918. Também apresentou problemas de saúde, mas assim mesmo presidiu as eleições para a escolha de seu sucessor, Epitácio Pessoa, em 1919.

Deodoro da Fonseca (1827-1892)

Manuel Deodoro da Fonseca, principal protagonista do golpe de estado que derrubou a monarquia brasileira nasceu em Alagoas e estudou em escola militar desde os 16 anos. Na carreira militar, participou ativamente de conflitos durante o Império, como a repressão à Revolução Praieira, a brigada expedicionária ao Rio da Prata, o cerco a Montevidéu e a Guerra do Paraguai.

No dia seguinte à promulgação da primeira Constituição republicana, o Congresso elegeu de forma indireta os marechais Deodoro da Fonseca para presidente e Floriano Peixoto para vice-

-presidente, em 25 de fevereiro de 1891. Foi durante seu governo que Rui Barbosa como ministro da Fazenda executou a desastrada política econômica conhecida como 'encilhamento', caracterizada por abundante crédito fácil e que resultaria em inflação alta e grande inadimplência.

Cada vez mais isolado, Deodoro tentou centralizar o poder, encontrando resistência tanto no meio político como militar. Já doente, resolveu dissolver o Congresso Nacional, o que causou sua queda por pressão dos muitos adversários, entre eles seu vice, Floriano Peixoto, o qual viria completar o mandato presidencial até 1894.

Epitácio Pessoa (1865-1942)

Epitácio Lindolfo da Silva Pessoa, paraibano, destacou-se inicialmente como chefe da delegação brasileira em Versalhes logo após a Primeira Guerra Mundial (1914-1918). Durante seu governo ocorreram os festejos pelo centenário da Independência do Brasil, coroados por uma grande exposição no Rio de Janeiro, quando foi aterrado o atual bairro da Urca.

Mas nem só de comemorações esses dias foram vividos. Além do crescimento das reivindicações dos operários e de setores da classe média, aumentava a insatisfação dos militares. Nesse ambiente tenso, explode no Rio a Revolta do Forte de Copacabana, movimento de insurgência militar rapidamente controlado, mas cujas repercussões se ampliariam significativamente nos anos posteriores com o chamado 'tenentismo' e seus desdobramentos como a Revolução de 1924 em São Paulo, a Coluna Miguel Costa-Luís Carlos Prestes e a Revolução de 1930.

Pessoa foi o presidente da República que mais se empenhou em alavancar a política de valorização do café praticada desde 1908. Também foi o primeiro a legislar contra o movimento operário e o direito de greve. Apesar de grande oposição entre os militares, Epitácio Pessoa conseguiu eleger seu sucessor, o mineiro Artur Bernardes.

Erasmo Schetz (?-1550)

Foi um banqueiro e negociante belga, cuja firma Erasmo Schetz e Filhos, da Antuérpia, adquiriu o engenho da Sociedade dos Armadores do Trato, fundado em 1534, em São Vicente (SP), mantendo-o entre 1544 e 1603. No início do século XVII, as instalações foram quase destruídas por um incêndio. Nunca veio ao Brasil, mas aqui tinha representantes e administradores de seus negócios, dentre eles membros da família Leme, uma das mais antigas de São Paulo, também de origem flamenga.

Eusébio de Queirós (1812-1868)

Eusébio de Queirós Coutinho Matoso da Câmara, político brasileiro, nascido em São Paulo de Luanda, Angola. Filho de um magistrado português, ouvidor-geral da comarca de Angola, veio para o Rio de Janeiro com 3 anos de idade, ainda durante a regência de D. João VI.

Formou-se na Faculdade de Direito de Olinda e retornou ao Rio de Janeiro, onde seu pai era ministro do Supremo Tribunal de Justiça. No mesmo ano, foi nomeado juiz do crime no bairro de Sacramento, Rio de Janeiro. Foi chefe de polícia da Corte e quatro vezes deputado-geral no Rio de Janeiro. Em 29 de setembro de 1848 foi nomeado ministro da Justiça, cargo que ocuparia até 1852.

Destacou-se pela autoria de duas das mais importantes leis do Império: a Lei Eusébio de Queiroz, aprovada em 1850, que proibia a entrada de novos escravos no país; e a lei que criava o Código Comercial Brasileiro. Em 1854 foi nomeado senador e em 1855 tornou-se membro do Conselho de Estado, mantendo a posição no senado até a sua morte.

Fernão Cardim (1549-1625)

Jesuíta português de grande destaque, esteve no Brasil, percorrendo o litoral de Pernambuco a Santos, produzindo um dos mais ricos depoimentos sobre o Brasil colonial: *Tratados da terra e da gente do Brasil*. Esteve em Santos e São Paulo, deixando um precioso relato de sua subida ao planalto. Foi reitor do Colégio do Rio de Janeiro, tendo voltado para a Corte em 1599.

Ao retornar ao Brasil (1600), foi aprisionado pelo corsário inglês Francis Cook, que lhe confiscou uma obra sobre etnografia brasileira, *Do princípio e origem dos índios do Brasil e de seus costumes, adoração e cerimônias*, publicada na Inglaterra muitos anos depois (1881).

Uma vez libertado, foi provincial da Companhia de Jesus (1604), cargo que desempenhou por cinco anos (1604-1609). Também foi reitor do colégio da Bahia, onde teve como aluno o padre Antônio Vieira. Suas obras revelavam a opulência dos senhores de engenho e o desrespeito dos colonos com os índios. Faleceu na Bahia.

Floriano Peixoto (1839-1895)

Floriano Vieira Peixoto, nascido em Alagoas, foi presidente do Brasil de 23 de novembro de 1891 a 15 de novembro de 1894, substituindo o marechal Deodoro da Fonseca. Militar de carreira, e assim como Deodoro, herói da Guerra do Paraguai, recebeu o apelido de Marechal de Ferro, por sua mão firme na defesa da integralidade do território brasileiro, sufocando diversas rebeliões separatistas e questionadoras do poder central. Dentre elas a Revolta da Armada, no Rio de Janeiro, e a Revolução Federalista, no Rio Grande do Sul.

Durante o episódio da Proclamação da República teve um importante papel, pois era o militar responsável pela segurança do gabinete do Visconde de Ouro Preto, mas recusou-se a enfrentar os revoltosos, unindo-se a eles e aprisionando os membros do governo. Ao exercer o restante do mandato de Deodoro, abriu mão da permanência no poder, apoiando a candidatura do paulista Prudente de Morais.

Francisco Adolfo Varnhagen (1816-1878)

Também conhecido como o visconde de Porto Seguro, título nobiliárquico que receberia na maturidade, nasceu em São João de Ipanema, atualmente no município de Sorocaba (SP), estudou primeiramente no Rio de Janeiro, seguindo depois para Portugal, onde cursou o Real Colégio da Luz (1825-1832) e a Academia da Marinha (1832-1833).

Um dos maiores historiadores brasileiros de todos os tempos, grande pesquisador, também se destacou como cartógrafo, filólogo, literato e diplomata. Sua grande obra foi a *Historia Geral do Brasil*, baseada em vasta documentação compilada em arquivos europeus e brasileiros. Faleceu em Viena, no posto de embaixador brasileiro na Áustria.

Francisco Lobo (?-?)

Francisco Lobo Sousa foi um dos sócios de Martim Afonso de Sousa e Pero Lopes de Sousa no engenho construído em São Vicente (SP), em 1534 –engenho esse posteriormente assumido integralmente por Erasmo Schetz. Não há maiores registros sobre sua pessoa, provavelmente de nacionalidade portuguesa.

Francisco de Melo Palheta (1670-1750)

Militar brasileiro responsável pela introdução do cultivo do café no Brasil. Participou como militar de diversas expedições de reconhecimento de fronteiras na Amazônia.

Em 1727, por determinação do governador e capitão-general do estado do Maranhão, João da Maia da Gama, o sargento-mor Francisco de Melo Palheta dirigiu-se para a Guiana Francesa com a missão de restabelecer a fronteira fixada pelo Tratado de Utrecht de 1713, a qual estabelecia o Rio Oiapoque como divisa de territórios e estaria sendo ameaçada pelos franceses.

Mas, supõe-se que Palheta já tivesse como missão secreta apoderar-se de algumas sementes ou mudas, já difundidas e cultivadas por franceses e holandeses nas Américas. O fato é que retornou ao Brasil com sementes que dariam origem aos primeiros cafezais brasileiros no Pará, Maranhão e Rio de Janeiro.

Francisco Sales (1873-1933)

Francisco Antônio de Sales, político mineiro, prefeito de Belo Horizonte, presidente de Minas Gerais, senador e ministro da Fazenda no governo Hermes da Fonseca. Em 1903, assumiu o governo de Minas em virtude do falecimento de Silviano Brandão no ano anterior, permanecendo no cargo até 1906. Grande especialista em finanças, foi uma das maiores lideranças políticas do Sul de Minas, região que seria hegemônica na política estadual até a segunda década do século xx. Destacou-se também como empresário.

Gaspar da Madre de Deus (1715-1800)

Gaspar de Teixeira Azevedo, ou Frei Gaspar da Madre de Deus, nasceu em São Vicente (Freguesia de Santos), na Fazenda Sant'Ana. Sua família era das mais antigas da capitania de São Vicente. Seu pai, Domingos Teixeira de Azevedo, coronel do Regimento de Ordenanças de Santos e São Vicente, provedor da Real Casa de Fundição de Paranaguá, era filho de Gaspar Teixeira de Azevedo, antigo capitão-mor da capitania de São Vicente (1697-1699).

Historiador (era doutor em História e Teologia) deixou inúmeras obras: *Notícias dos anos em que se descobriu o Brasil*; *Dissertação e Explicações*; *Extrato Genealógico*; e o clássico *Memórias para a História da capitania de São Vicente*. Era frade beneditino com o nome Frei Gaspar da Madre de Deus. Foi noviço na Bahia, depois passou para o Mosteiro do Rio de Janeiro. Esteve também por um período em Portugal. Em 1766, depois de ter exercido diversas atividades na Ordem Beneditina, tomou posse do cargo de abade provincial do Brasil.

Getúlio Vargas (1882-1954)

Getúlio Dornelles Vargas nasceu em São Borja (RS), no dia 19 de abril de 1882. Sua família era de pecuaristas tradicionais da região. Seus ascendentes paternos eram "chimangos", ou "republicanos". Após concluir os estudos primários em São Borja, Getúlio foi para Ouro Preto fazer um curso de Humanidades. Lá, seus irmãos mais velhos, Viriato e Protásio, envolveram-se em brigas, nas quais um estudante paulista foi morto por Viriato. Esse episódio forçou a volta dos três irmãos a São Borja e levou Getúlio a optar pela carreira militar.

Alguns anos depois resolveu estudar Direito em Porto Alegre, dando baixa no Exército. Em 1907, o jovem Getúlio, então com 24 anos e cursando a faculdade, fundou com um grupo de amigos o Bloco Acadêmico Castilhista, o braço estudantil de apoio aos candidatos "republicanos" para as eleições estaduais. Nesse grupo militavam futuros notáveis da política nacional: os estudantes de Direito João Neves da Fontoura, Maurício Cardoso e os cadetes Eurico Gaspar Dutra e Pedro Aurélio de Góis Monteiro, da Escola de Guerra de Porto Alegre.

Pouco depois de formado, Vargas foi nomeado promotor público com o apoio de Borges de Medeiros, o presidente do estado do Rio Grande do Sul. Em 1923, quando uma frente de oposição concorria ao governo estadual com a candidatura de Assis Brasil, Vargas e seus companheiros de fiscalização foram acusados de ter manipulado os dados para favorecer Borges de Medeiros.

Os "libertadores" de Assis Brasil (federalistas) fizeram um levante com o objetivo de depor Borges ou provocar uma intervenção no estado. Vargas não chegou a lutar, tendo que ir ao Rio para não perder seu mandato de deputado federal conquistado no ano anterior. Como deputado, assumiu grande projeção dentro da bancada gaúcha, posteriormente aproximando-se da oposição "libertadora".

Em fins de 1926, seria empossado como ministro da Fazenda de Washington Luís. E em agosto de 1927 foi lançada sua candidatura a presidente do Rio Grande por Borges, o que garantiu sua eleição em novembro, até com a simpatia dos "libertadores". Realizando uma boa gestão, conseguiu unir politicamente o estado, contemplando reivindicações de todos os agrupamentos.

Para isso contou com o decisivo apoio de Washington Luís, representado por uma generosa remessa de verbas federais. Foi com base nesse prestígio conquistado pela sua administração que seria confirmado como o candidato da Aliança Liberal em 1929. Vargas enfrentava então Júlio Prestes, presidente de São Paulo e candidato escolhido por Washington Luís para sucedê-lo na presidência da República. O resultado da eleição confirmava a vitória de Júlio Prestes, mas foi considerada como fraudulenta pelos políticos aglutinados na Aliança Liberal e pelos 'tenentes', jovens oficiais opositores das oligarquias que controlavam o executivo federal.

A evolução da crise econômica e o assassinato do ex-governador paraibano João Pessoa, um sobrinho de Epitácio que era aliado de Getúlio e seu candidato à vice na chapa derrotada, fizeram a temperatura política subir e revigoraram a articulação revolucionária a partir de julho de 1930. Embora tivesse sido motivado por questões locais, o assassinato de João Pessoa em uma confeitaria no Recife deu o tom emocional desejado pelos articuladores da sublevação, iniciada em 3 de outubro em Porto Alegre por militares e civis.

Na madrugada do dia 4, após alguma resistência, os revolucionários tinham controlado a capital gaúcha. Em dois dias tomaram também os estados de Santa Catarina e Paraná. E no Norte e no Nordeste houve uma debandada dos políticos governistas. Isolado do resto do país, e contando apenas com o apoio de tropas legalistas em São Paulo e Rio, Washington Luís convocou os reservistas para combater a rebelião, o que lhe acarretou um grande desgaste com a opinião pública na capital federal.

Após três semanas de resistência, o presidente Washington Luís abandonava o cargo pressionado pela cúpula militar no dia 24 de outubro, pouco antes do 1º aniversário da quebra da Bolsa de Nova York. Alguns dias depois, Getúlio Vargas, que chefiava uma coluna vinda do Rio Grande do Sul de trem, chegava ao Rio e assumia *"provisoriamente o governo da República como delegado da Revolução em nome do Exército, da Marinha e do povo"*.

Em 1932, enfrentou a Revolução Constitucionalista, deflagrada em São Paulo, que contava com o apoio de importantes antigos aliados gaúchos como Borges de Medeiros, João Neves da Fontoura, Batista Luzardo e Lindolfo Collor. Derrotou os revoltosos em cerca de três meses, exilando-os de início, mas concedendo-lhes anistia no ano seguinte e convocando eleições para uma assembleia constituinte.

Alegando o perigo de uma "ameaça comunista", em 1937 comandou um golpe de estado, instaurando o chamado "Estado Novo", uma versão brasileira do regime corporativista fascista, então vigente na Itália. Com a derrota dos nazistas e fascistas em 1945 foi pressionado a deixar o poder pelos generais Góis Monteiro e Eurico Gaspar Dutra, seus antigos aliados.

Retornou ao poder como presidente eleito em 1950, imprimindo uma política de defesa dos interesses econômicos nacionais, traduzida pela criação da Eletrobras e Petrobras. No dia 24 de agosto de 1954 suicidou-se no exercício do cargo, encurralado diante de grave crise política, ocasionada por um atentado à vida do parlamentar oposicionista carioca Carlos Lacerda.

Herbert Hoover (1874-1964)

Herbert Clark Hoover foi presidente dos Estados Unidos de 1928 a 1932. Em sua administração ocorreu a grave crise financeira de 1929, a qual contribuiria para sua derrota para Franklin Delano Roosevelt ao tentar a reeleição. Formado em Engenharia de Minas, antes de exercer a presidência trabalhou muitos anos no exterior, servindo a uma corporação privada na China a ao corpo diplomático na Europa em 1914, ajudando na evacuação de cidadãos americanos que lá se encontravam por ocasião da deflagração da Primeira Guerra Mundial.

Serviu a administração federal primeiramente como administrador de alimentos durante a Primeira Guerra Mundial, e logo após o conflito assumiu a American Relief Administration, agência governamental responsável pelo envio de toneladas de alimentos para a União Soviética em 1921, então assolada pela fome, o que lhe valeu críticas de muitos setores da sociedade americana. Em seguida, foi secretário de Comércio dos presidentes Harding e Coolidge, antes de tornar-se presidente, quando se insurgiu com a elevação abusiva de preços do café, manipulados pelo esquema montado pelo plano de valorização. Nos anos 1940 e 1950 colaborou com os governos de Truman e Eisenhower, falecendo aos 90 anos.

Hermann Sielcken (1850-1917)

Empresário teuto-americano, nascido em Hamburgo. Filho de um padeiro, trabalhou inicialmente em Hamburgo, numa importadora de café do Brasil. Esteve na Costa Rica e posteriormente nos Estados Unidos, conseguindo se naturalizar, trabalhando inicialmente em San Francisco no ramo de lãs. Mudou-se para Nova York onde, logo após, acabou entrando para uma firma especializada em café. Anos depois, teria seu próprio negócio de importação de café, o qual conquistaria um importante braço na Alemanha. Fez grande fortuna, destinando recursos para serviços de assistência médica e social em seu país natal. Retornou à Alemanha, onde faleceu aos 67 anos.

Hermes da Fonseca (1855-1923)

Hermes Rodrigues da Fonseca, nascido no Rio Grande do Sul, era sobrinho do primeiro presidente da República, marechal Deodoro da Fonseca. Hermes também era militar e foi um dos fundadores do Clube Republicano. Teve destacada carreira como militar, tendo comandado a Brigada Policial do Rio de Janeiro, a Escola Preparatória e Tática do Realengo quando chegou a marechal, em 1906, designado pelo presidente Rodrigues Alves. Posteriormente foi ministro da Guerra do governo Afonso Pena, reorganizando o Exército.

Foi eleito presidente em 1910, com o apoio de Pinheiro Machado, então influente líder parlamentar gaúcho, também militar e herói da Guerra do Paraguai. Praticou a chamada 'política salvacionista', a qual procurava recuperar para os militares a influência já exercida anteriormente. Em 1913, aos 58 anos e ainda na Presidência, casou-se com Nair de Teffé, de 27 anos e filha do almirante Antônio Luís Hoonholtz, o barão de Teffé.

Manteve-se como uma grande liderança militar após seu governo. Influenciou decisivamente no episódio conhecido como a Revolta do Forte de Copacabana (1922), o que lhe custou a prisão por seis meses. Libertado no ano seguinte, mudou-se para Petrópolis, onde faleceu.

João Pessoa (1878-1930)

João Pessoa Cavalcanti de Albuquerque, sobrinho de Epitácio Pessoa, formou-se em Direito na Faculdade de Direito do Recife em 1904. Foi candidato a vice-presidente de Getúlio Vargas, na chapa de oposição à presidência da República para as eleições de 1º de março de 1930, conhecida como Aliança Liberal.

Durante sua gestão como presidente do estado da Paraíba fez uma reforma tributária que descontentou diversos grupos políticos do interior, entre elas as influentes famílias dos Suassuna e Pereira Lima. Um desses desafetos, João Duarte Dantas, o assassinou na 'Confeitaria Glória', no centro do Recife. Dantas havia sido vítima de uma invasão da polícia em sua casa, quando foram confiscadas cartas de amor trocadas com sua amante e publicadas posteriormente nos jornais da capital, então chamada de Parahyba.

João Pinheiro (1860-1908)

João Pinheiro da Silva, mineiro de Serro, formou-se na Faculdade de Direito do Largo de São Francisco, em São Paulo, transferindo-se em seguida para Ouro Preto, onde fundou o Clube Republicano, em 1888, precursor do Partido Republicano Mineiro.

Com apenas 29 anos, exerceu interinamente o governo do estado, permanecendo no cargo até agosto de 1890. Em novembro do mesmo ano, tornou-se constituinte, concentrando-se na defesa de importantes princípios positivistas, como a separação entre igreja e estado, o casamento civil, a não adoção do divórcio e pontos referentes ao judiciário.

Foi eleito presidente de Minas Gerais em 1906, promovendo uma profunda reforma na educação a na administração pública. Dois anos depois falecia prematuramente, sendo substituído por Júlio Bueno Brandão.

João Veniste (?-?)

Johan Van Hiest, comerciante flamengo e um dos sócios de um dos primeiros engenhos de açúcar em São Vicente (SP). Os demais sócios do Engenho de São Jorge eram Martim Afonso de

Sousa, Pero Lopes de Sousa e o também flamengo Erasmo Schetz – esse último ficaria como único dono em 1544, em negociação conduzida por Hiest.

Joaquim Murtinho (1848-1911)

Joaquim Duarte Murtinho, matogrossense, foi um político brasileiro que se destacou por restaurar as finanças do país no governo Campos Sales (1898-1902). Formado em Engenharia e Medicina, foi professor da Escola Politécnica e vice-presidente do Senado.

Primeiramente, foi ministro da Viação no governo Prudente de Morais, tendo assumido o Ministério da Fazenda na gestão de Campos Sales. Foi responsável pela execução do *funding loan,* acordo com banqueiros ingleses negociado pelo presidente Campos Sales, em 1898. Para isso, adotou uma política econômica monetarista marcada pela austeridade fiscal e redução da moeda circulante.

John Manuel Monteiro (1956-2013)

Nascido nos Estados Unidos, descendente de portugueses, foi um grande estudioso dos indígenas brasileiros e sua inserção no mundo colonial português. Lecionou no Departamento de Antropologia da Unicamp. Tinha vasta experiência em pesquisa documental nas Américas, Europa e Índia. Era graduado em História (Colorado College, 1978), mestrado e doutorado em História (Univ. Chicago, 1980 e 1985) e Livre-Docência (Unicamp, 2001).

Foi professor visitante na Harvard University (2003-04), University of Michigan (1997) e University of North Carolina-Chapel Hill (1985-86). Foi "Directeur d'Études Invité" na EHESS em Paris (1999) e pesquisador do Cebrap (1991-1998). Lecionou na Unesp (Araraquara, Assis e Franca) entre 1986 e 1991 e coordenou o Centro de Estudos Latino-Americanos (Cela) dessa universidade e o Centro de Pesquisa em Etnologia Indígena na Unicamp.

Jorge Tibiriçá (1855-1928)

Jorge Tibiriçá Piratininga, nascido em Paris, foi o segundo presidente do estado de São Paulo (1890-1891) e seu sétimo presidente (1904-1908). Estudou na Alemanha e Suíça, formando-se em Agrotecnia e Filosofia. Os Tibiriçá Piratininga adotaram esse sobrenome após uma dissidência da família Almeida Prado, de Itu.

Quando retornou ao Brasil, aproximou-se dos republicanos, tornando-se um dos expoentes do movimento em São Paulo. Participou da Convenção de Itu (1873) e da fundação do jornal *A Província de S. Paulo* (1875) – hoje *O Estado de S. Paulo*.

Em seu governo, a Estrada de Ferro Sorocabana foi adquirida da União e arrendada para um grupo norte-americano. Além de presidente do PRP (Partido Republicano Paulista), foi presidente do Senado do Congresso Legislativo do Estado de São Paulo, de 1915 a 1924. Em seguida, ocupou o cargo de ministro e presidente do Tribunal de Contas do Estado.

Júlio de Castilhos (1860-1903)

Júlio Prates de Castilhos, formado em Direito em São Paulo, nasceu no Rio Grande do Sul e foi seu presidente por duas vezes e principal autor da Constituição Estadual de 1891, a qual contribuiu para disseminar o ideário positivista no Brasil, sendo modelo para outras constituições estaduais.

Era membro do Partido Republicano Riograndense (PRR), tendo dirigido o jornal *A Federação*, veículo de propaganda das ideias republicanas. Em 15 de julho de 1891, Júlio de Castilhos foi eleito presidente do estado do Rio Grande do Sul, mas foi deposto com Deodoro alguns meses depois. Entretanto, nova eleição confirmou-o como presidente, assumindo o posto em 1893. No início de governo, teve de enfrentar a Revolução Federalista, sufocando-a. Morreu cedo, deixando uma grande escola política regional seguida por seus sucessores Borges de Medeiros e Getúlio Vargas.

Júlio Prestes (1882-1946)

Júlio Prestes de Albuquerque, advogado e político, ingressou na política em 1909, elegendo-se deputado estadual, reeleito nas cinco legislaturas seguintes. Tendo se destacado como líder da bancada paulista na Câmara Federal, para a qual foi eleito em 1919, assumiu o governo do estado de São Paulo em 1927.

Ao escolhê-lo como candidato a sua sucessão, o então presidente da República Washington Luís desencadearia um descontentamento em outros estados que resultaria na Revolução de 1930. Embora vitorioso em um pleito contestado, Prestes nunca assumiu o cargo de presidente. Foi exilado para a Europa, de onde retornaria em 1934, afastando-se da política.

Julius Frank (1808-1841)

Julius Gottfried Ludwing Frank foi professor de História e Geografia na Faculdade de Direito de São Paulo. Nascido na Alemanha, onde chegou a cursar a Universidade de Göttingen, fugiu para o Brasil devido a seu envolvimento com republicanos e antimonarquistas. Chegou ao Rio de Janeiro em 1831, logo após a abdicação de D. Pedro I.

Alguns meses depois partiu para São Paulo, dirigindo-se à colônia alemã da Real Fábrica de Ferro São João do Ipanema, atual Iperó, próxima a Sorocaba, onde iria residir em seguida. Após trabalhar como caixeiro, começou a dar aulas particulares aos jovens que queriam prestar concurso para o Curso Anexo da Academia de Direito de São Paulo, espécie de preparatório para a faculdade.

Apadrinhado por Rafael Tobias de Aguiar (1795-1857), influente político liberal sorocabano, mudou-se para São Paulo, onde deu aulas em repúblicas estudantis até ser contratado em 1834 pelo próprio protetor, presidente da Província, como professor de História e Geografia no Curso Anexo.

Muito popular entre os alunos, fomentou a criação de uma sociedade secreta antimonarquista e republicana, a Burschenschaft (Sociedade de Camaradas), ou 'Bucha', a qual viria a influenciar estudantes de Direito tanto em São Paulo como de todo o Brasil, pois muitos deles eram oriundos de outras províncias: Castro Alves (BA), Rui Barbosa (BA), Barão do Rio Branco (RJ), Assis Brasil (RS), Julio de Castilhos (RS), Pinheiro Machado (RS), João Pinheiro (MG), Afonso Pena (MG), Rodrigues Alves (SP) e o jornalista Júlio de Mesquita Filho (diretor de O Estado de S. Paulo).

Sua influência chegou até o início dos anos 1940, quando foi investigada pelo então interventor estadual Ademar de Barros durante o 'Estado Novo', a pedido de Getúlio Vargas – o qual considerava a sociedade responsável pela Revolução Constitucionalista de 1932 e pela oposição que sofria na elite política paulista.

Leopoldo de Bulhões (1856-1928)

José Leopoldo de Bulhões Jardim, nascido na Vila Boa de Goiás, formou-se na Faculdade de Direito de São Paulo. Pertencia à oligarquia dos Bulhões em Goiás, adversários históricos dos Caiados. Foi ministro da Fazenda de Rodrigues Alves, dando continuidade à política de Joaquim Murtinho iniciada no governo Campos Sales.

Maria Thereza Schorer Petrone (1929)

Destacada historiadora e professora doutorada pela USP, é autora de vários livros importantes publicados sobre História do Brasil dos séculos XVIII e XIX. Colaborou com Sérgio Buarque de Holanda na História geral da civilização brasileira. É casada com o geógrafo Pasquale Petrone.

Martim Afonso de Sousa (1490-1571)

Nascido em família fidalga, era militar e comandou a expedição armada à costa brasileira com o objetivo de expulsar franceses na Guanabara e explorar a foz do Rio da Prata. Ao passar pelo litoral paulista fundou a cidade de São Vicente, em 1532, onde já funcionava há muitos anos o porto de Tumiaru. Trouxe famílias de colonizadores que se converteram nas primeiras famílias paulistas.

Subiu ao planalto, acompanhado do pioneiro João Ramalho, degredado português que já vivia entre os tupiniquins há algum tempo. Esteve em Piratininga, onde seria fundada a cidade de São Paulo, pouco mais de 20 anos depois.

Ao partir, proibiu a subida de portugueses ao planalto, impedimento que seria revogado anos mais tarde por sua mulher, Ana Pimentel, a quem coube administrar a capitania de São Vicente enquanto Martim Afonso de Sousa esteve na Índia como capitão-mor e depois vice-rei.

Morgado de Mateus (1722-1798)

Antônio de Sousa Botelho Brandão, o quarto Morgado de Mateus, título nobiliárquico português. Destacou-se na carreira militar em Portugal, sendo designado o primeiro governador da recriada capitania de São Paulo em 1765 – extinta em 1548 e incorporada neste período à capitania do Rio de Janeiro.

Preocupada com a presença espanhola no Prata, a coroa portuguesa resolveu fortalecer sua presença em São Paulo com o objetivo de frear uma eventual expansão hispânica no Sul. Mateus veio com a missão de aumentar e consolidar as regiões do Sul sobre domínio português, seja pelo contingente militar, seja pelo fomento das atividades econômicas. Além de melhoramentos na cidade de São Paulo, promoveu diversos povoados em freguesias e vilas, retirando-se para Portugal em 1775.

Nicolau de Campos Vergueiro (1778-1859)

Nicolau Pereira de Campos Vergueiro, nascido em Portugal, chegou ao Brasil em 1803, dirigindo-se a São Paulo, onde exerceu a advocacia. Foi também vereador e juiz de sesmarias. Em 1816 mudou-se para Piracicaba fundando engenhos de açúcar em sociedade com o brigadeiro Luís Antônio de Souza Queiroz.

Conhecido como Senador Vergueiro, foi um ativo parlamentar, defendendo posições liberais e antiescravistas. Nas décadas de 1840 e de 1850 foi pioneiro na introdução de imigrantes europeus em suas fazendas de café em Limeira (Fazenda Ibicaba) e Rio Claro (Fazenda Angélica). Mas seu sistema trazia um mecanismo perverso de sempre vincular o imigrante a uma dívida com o senhor das terras, o que lhe custaria a eclosão de revolta dos parceiros.

Nilo Peçanha (1867-1924)

Nilo Procópio Peçanha, fluminense, foi um político que cumpriu três mandatos como Senador pelo Rio de Janeiro. Era vice-presidente quando faleceu Afonso Pena, em 1909, cumprindo o restante do mandato até 1910. Teve como grande mérito a criação do Serviço de Proteção aos Índios, nomeando o idealizador, então tenente-coronel Cândido Rondon, como seu primeiro titular.

Apoiou para sua sucessão a candidatura vitoriosa de Hermes da Fonseca (1910-1914). Em 1921, foi candidato a presidente com o apoio de Hermes da Fonseca e dos militares, mas foi derrotado pelo mineiro Artur Bernardes.

Pero Lopes de Sousa (1497-1539)

Irmão mais velho de Martim Afonso de Sousa, era o escriba da expedição, autor do precioso *Diário de Navegação*, relato pormenorizado da viagem exploratória e demarcatória. Recebeu a capitania de Santo Amaro como donatário.

Pinheiro Machado (1851-1915)

José Gomes Pinheiro Machado, gaúcho, foi o mais destacado parlamentar brasileiro do primeiro período republicano. Formado em Direito em São Paulo, anteriormente havia sido militar voluntário na Guerra do Paraguai, obtendo a patente de general por atos de bravura. Era republicano convicto, de orientação positivista.

Seu pai era natural de Sorocaba (SP), tendo se tornado um dos maiores estancieiros do Rio Grande. Quando jovem conduziu uma tropa de mulas e gado de seu pai, desde o pampa gaúcho até a feira de Sorocaba, roteiro clássico das tropas do Sul ente 1730 e fins do século xix.

Presidente da Comissão de Verificação de Poderes da Câmara Federal tinha grande influência na política brasileira. Embora fosse um dos maiores amigos pessoais de Rui Barbosa, apoiou a candidatura de Hermes da Fonseca à Presidência. Rui havia demorado a aceitar o lançamento de sua candidatura, fazendo com que Pinheiro se engajasse na candidatura de Hermes, anteriormente já definida. Os dois amigos nunca mais se falaram.

Em 1915, Pinheiro Machado estava no saguão do Hotel dos Estrangeiros, no Flamengo, onde visitaria Rubião Júnior, político do Partido Republicano Paulista, quando foi apunhalado pelas costas por Manso de Paiva, um desafeto da política regional gaúcha.

Prudente de Morais (1841-1902)

Prudente José de Morais Barros, paulista de Itu, foi o primeiro presidente civil da Primeira República, assim como o primeiro ligado à cafeicultura. Durante seu governo, enfrentou duas revoltas importantes como a Revolução Federalista no Rio Grande do Sul e a Guerra de Canudos na Bahia.

Além de enfrentar a grave crise econômica provocada por Rui Barbosa no governo de Deodoro da Fonseca, sofreu um atentado no Rio de Janeiro quando fazia a revista das tropas que haviam retornado de Canudos. A autoria desse atentado nunca foi esclarecida totalmente, embora Francisco Glicério (SP) e Pinheiro Machado (RS) tenham sido acusados como suspeitos.

A violência das tropas do governo na execução dos vencidos em Canudos manchou sua administração. Nenhum dos sobreviventes foi poupado.

Renato Perissinotto (1964)

Renato Monseff Perissinotto, professor do Programa de Estudos Graduados em Ciência Política da Universidade Federal do Paraná, graduou-se na Universidade de Campinas (Unicamp), onde se doutorou em Ciências Sociais. Seus trabalhos abordam sociologia das elites políticas, recrutamento político e processo de industrialização na América Latina.

Raymundo Faoro (1925-2003)

Nascido no Rio Grande do Sul, foi jurista, sociólogo e historiador. Sua obra clássica *Os donos do poder* revela tanto a hegemonia do estado na sociedade brasileira, herdada do colonialismo português, como sua manipulação pela burocracia e pelos grupos econômicos. Foi presidente da Ordem dos Advogados do Brasil (OAB) e membro da Academia Brasileira de Letras.

Rodrigues Alves (1848-1919)

Francisco de Paula Rodrigues Alves, paulista de Guaratinguetá, estudou no Colégio Pedro II, no Rio de Janeiro, tendo sido colega de classe de Joaquim Nabuco. Formou-se em Direito em São Paulo e foi eleito deputado provincial pelo Partido Conservador. Ainda durante o Império foi presidente da província de São Paulo (o equivalente ao governador), cargo que voltaria a ocupar em 1900 e 1916, desta vez sob o regime republicano.

Apesar de seu passado monarquista, foi deputado constituinte em 1890 e ministro da Fazenda por duas vezes, nos governos de Floriano Peixoto e Prudente de Morais. Foi eleito presidente da República em 1902, promovendo a reforma urbana do centro do Rio e a vacina obrigatória contra a varíola. Aplicada de forma truculenta, a vacinação gerou a Revolta da Vacina em 1904, instigada por militares positivistas radicais.

Resistiu à pressão dos cafeicultores para criação da Caixa de Conversão, mecanismo que alterava o sistema cambial e era um dos pressupostos para a efetivação da política de valorização do café recomendada pelo Convênio de Taubaté (1906). Eleito novamente em 1918, faleceu antes de tomar posse, vitimado pela gripe espanhola.

Rui Barbosa (1849-1923)

Rui Barbosa de Oliveira nasceu na Bahia, tendo se destacado como político e jurista. Foi, no final do Império, um dos mais importantes militantes do abolicionismo e do republicanismo no Brasil. Foi coautor da primeira Constituição republicana com Prudente de Morais.

Como primeiro ministro da Fazenda da República teve uma atuação equivocada ao liberar excessivamente o crédito e a formação de sociedades anônimas, o que resultaria alguns anos depois em grande inadimplência, inflação e depressão econômica.

Foi o candidato presidencial das lideranças civis por duas vezes, e em ambas oportunidades (1910 e 1914) não conseguiu se eleger. Grande orador, foi também filólogo e um dos fundadores da Academia Brasileira de Letras. Atuou como delegado do Brasil na Segunda Conferência da Paz, em Haia (1907).

Saint-Hilaire (1779-1853)

Auguste de Saint-Hilaire, naturalista, botânico e cronista francês, percorreu o Brasil a partir de 1816, retornando à França em 1822, adoentado após ter ingerido mel de vespa venenoso. Deixou riquíssimos relatos sobre vastos territórios do país, sendo uma das principais fontes de estudo de botânicos brasileiros e de historiadores desse período.

Silviano Brandão (1848-1902)

Francisco Silviano de Almeida Brandão, médico, nascido em Minas Gerais, ingressou na política de seu estado, elegendo-se presidente em 1898. Em 1902, elegeu-se vice-presidente da república na chapa de Rodrigues Alves. Mas faleceu antes de tomar posse, cedendo seu posto a Afonso Pena.

Theodor Wille (1818-1892)

Alemão, teria chegado ao Brasil em 1838 e se dirigido a Rio Claro, no interior paulista. Em 1844 abria a firma Theodor Wille & Cia. em Santos, registrando o primeiro embarque de café paulista para a Europa. Assumiu no mesmo ano o cargo de cônsul da Prússia em Santos. No Rio de Janeiro, constituiu a empresa Wille, Schimillinski e Cia., também exportadora de café.

Adquiriu diversas fazendas de café, além de financiar a compra de outras por Francisco Schmidt, agente e associado de Wille. Na passagem da segunda para a terceira década do século XX, juntos eram os maiores produtores de café do país.

Em 1847, Wille retornou a seu país, fundando em Hamburgo a Theodor Wille alemã, que se consolidaria como uma das maiores importadoras de café da Alemanha. Fez grande fortuna, destinando muitos recursos para assistência a atividades educacionais. Atualmente, a sucessora da empresa ainda existe na Alemanha, atuando no mercado imobiliário e no comércio de armamentos.

Thomas H. Holloway (?)

Acadêmico norte-americano especialista em História Econômica e Social do Brasil. Leciona Latin America History na Universidade da California, unidade de Davis. Tem vários trabalhos além de *Vida e Morte do Convênio de Taubaté* (1974), entre eles destacam-se *Land: Coffee and Society in São Paulo, 1886-1934* (1980) e *Policing Rio de Janeiro: Repression and Resistance in a 19th-century city* (1993).

Ulrich Schmidel (1510-1579)

Aventureiro e explorador alemão, cujas crônicas preciosas contribuem significativamente como fontes básicas para a história da ocupação da Bacia do Prata.

Nascido em família abastada, entrou para a carreira militar a serviço da Espanha, participando de uma expedição ao Rio da Prata que resultaria na fundação de Buenos Aires e Assunção. Perambulou pelos atuais territórios do Paraguai, Bolívia e Peru, retornando à Alemanha em 1552. Seu diário foi transformado em livro, em 1557: *A verdadeira história de uma viagem notável feita por Ulrich Schmidel von Straubingen na América ou Novo Mundo 1534-1554.*

Venceslau Brás (1868-1966)

Venceslau Brás Pereira Gomes, mineiro, formou-se em Direito em São Paulo. Seguiu carreira como advogado, promotor público e prefeito de Monte Santo. Entre 1898 e 1902, foi secretário do Interior, Justiça e Segurança Pública do governo de Silviano Brandão. Em 1909, assumiu a Presidência de Minas Gerais e no ano seguinte foi eleito vice-presidente da República na chapa de Hermes da Fonseca.

Sucedeu ao marechal Hermes na presidência da República, tendo de enfrentar logo de início a Guerra do Contestado em Santa Catarina, que se arrastava desde o governo anterior. Conseguiu pôr fim ao conflito, bem como resolveu as questões fronteiriças existentes entre Paraná e Santa Catarina. Ocorreu em seu governo a declaração de guerra do Brasil à Alemanha em 26 de outubro de 1917, após torpedeamento de navios brasileiros por submarinos alemães.

Sua administração ainda ficaria marcada pelo crescimento industrial provocado pela substituição forçada de importações devido à guerra. A inflação do período reduziu os salários reais, provocando a greve geral de São Paulo em 1917, violentamente reprimida pelas autoridades locais. Logo após, a gripe espanhola se alastrou, matando milhares de pessoas, sobretudo no Rio de Janeiro e São Paulo.

Warren Dean (1932-1994)

Historiador de nacionalidade norte-americana, especializou-se em História do Brasil, sendo autor de obras importantes de nossa historiografia: *A industrialização de São Paulo* (São Paulo, Difel, 1971) – Atualmente publicado pela Bertrand Brasil; *Rio Claro: um sistema brasileiro de grande lavoura, 1820-1920* (Rio de Janeiro, Paz e Terra, 1977); *A luta pela borracha no Brasil* (Nobel, São Paulo, 1989); *A Ferro e Fogo: a história e a devastação da Mata Atlântica brasileira* (São Paulo, Cia. das Letras, 1996).

Washington Luís (1869-1957)

Washington Luís Pereira de Sousa nasceu em Macaé, no estado do Rio de Janeiro. Estudou inicialmente no Colégio Pedro II, no Rio de Janeiro, formando-se em Direito em São Paulo, onde se radicou e desenvolveu sua carreira jurídica e política.

Estabeleceu-se em Batatais, onde foi advogado, vereador e prefeito. Foi eleito vereador em 1897 e prefeito da cidade de Batatais em 1898. Em 1914 foi eleito prefeito da capital e presidente do estado em 1920. Priorizou a construção de estradas de rodagem, abrindo 1.326 quilômetros de novas estradas no estado de São Paulo.

Eleito presidente da República em 15 de novembro de 1926, administrou uma conjuntura adversa com a ajuda de seu ministro da Fazenda, o gaúcho Getúlio Vargas. Ao insistir na candidatura de Júlio Prestes para sua sucessão, isolou-se das outras oligarquias regionais, principalmente as mineira e gaúcha.

Com a evolução da crise econômica de 1929 e o agravamento da temperatura política, seja pela acusação de fraudes eleitorais, seja pelo assassinato de João Pessoa, estourou a Revolução de 1930: movimento armado que o alijou do poder e impediu a posse de seu sucessor, Júlio Prestes de Albuquerque, conferindo amplos poderes a Getúlio Vargas.

Documentos transcritos

Ata do Convênio de Taubaté

"Aos vinte e cinco dias do mês de fevereiro de 1906, nesta cidade de Taubaté, estado de São Paulo, na casa 14 da rua Visconde do Rio Branco, presentes os exmos. Srs. Jorge Tibiriçá, Nilo Peçanha, Francisco Antônio de Salles, presidentes dos estados de São Paulo, Rio de Janeiro e Minas Gerais, pelo primeiro, por acordo dos dois outros, foi assumida a presidência.

O exmo. Sr. Jorge Tibiriçá, depois de agradecer a presença dos ilustres presidentes do Rio e Minas, declarou que a reunião, convocada pelo Dr. Nilo Peçanha, tinha por fim proporcionar aos três estados oportunidade de se entenderem diretamente, por seus presidentes, sobre a valorização do café e outras medidas de alcance econômico.

Estabelecida a discussão, ficou resolvido que os presidentes dos três estados se dirigissem ao senhor presidente da República, pedindo a convocação do Congresso Nacional em sessão extraordinária e urgente, para decretação de uma lei criando um aparelho cujo fim seja a emissão de papel-moeda conversível em ouro, a uma taxa pré-fixada.

Esse aparelho, que se chamará Caixa de Conversão, terá como lastro, para emissão, a importância de um empréstimo a ser contraído pelos estados com endosso da União.

Passando-se ao exame das bases do convênio, organizadas pelos presidentes dos três estados para a valorização do café, foi o mesmo convênio aprovado com a seguinte redação:

'Convênio entre os estados do Rio de Janeiro, Minas Gerais e São Paulo, para o fim de valorizar o café, regular o seu comércio, promover o segmento de seu consumo, a criação da Caixa de Conversão, fixando o valor da moeda:

Artigo 1º – Durante o prazo que for conveniente, os estados contratantes obrigam-se a manter nos mercados nacionais, ao preço de 55 a 65 francos, em ouro ou em moeda corrente do país, por saca de 60 quilos de café, tipo 7, americano, no primeiro ano; este preço mínimo poderá ser posteriormente elevado até o máximo de 70 francos, conforme a conveniência do mercado. Para as qualidades superiores, segundo a mesma classificação americana, os preços indicados serão aumentados proporcionalmente nos mesmos períodos.

Artigo 2º – Os governos contratantes, por meio de medidas adequadas, procurarão dificultar a exportação de cafés inferiores ao tipo 7 e favorecer, no que for possível, o desenvolvimento de seu consumo no país.

Artigo 3º – Os estados contratantes obrigam-se a organizar e manter um serviço regular e permanente de propaganda do café, com o fim de aumentar o seu consumo, quer pelo desenvolvimento dos atuais mercados, quer pela abertura e conquista de novos, quer contra a defesa das fraudes e falsificações.

Artigo 4º – Os governos contratantes, quando for julgado oportuno, estabelecerão os tipos nacionais de café, criando as Bolsas ou Câmaras Sindicais para o seu comércio; de acordo com os tipos serão, então, fixados os preços a que se refere o artigo 1º.

Artigo 5º – Aos produtores de café serão facultados os meios de melhorar as qualidades do produto pelo rebenefício.

Artigo 6º – Os governos contratantes obrigam-se a criar uma sobretaxa de 3 francos, sujeita a aumento ou diminuição, por saca de café que for exportada por quaisquer dos estados e bem assim a manter as leis que neles dificultam, por impostos suficientemente elevados, o aumento das áreas dos terrenos cultivados com café nos seus territórios pelo prazo de dois anos, que poderá ser prorrogado por mútuo acordo.

Artigo 7º – O produto da sobretaxa de que trata o artigo anterior, paga no ato da exportação, será arrecadada pela União e destinada ao pagamento dos juros e amortizações dos capitais necessários à execução deste convênio, sendo os saldos restantes aplicados ao custeio das despesas reclamadas pelos serviços do mesmo, começando-se a cobrança de sobretaxa depois de verificado o disposto no artigo 8º.

Artigo 8º – Para a execução deste convênio, fica o Estado de São Paulo autorizado desde já a, promover, dentro ou fora do país, com a garantia de sobretaxa de 3 francos, de que trata o artigo 6º, e com a responsabilidade solidária dos três estados, as operações de crédito necessárias ao capital de quinze milhões de libras esterlinas, o qual será aplicado como lastro para a caixa de emissão ouro e conversão, que for criada pelo Congresso Nacional, para fixação do valor da moeda.

§ 1º – O produto da emissão sobre este lastro será aplicado nos termos deste convênio na regularização do comércio de café e sua valorização, sem prejuízo para a caixa de conversão, de outras dotações, para fins criados em lei.

§ 2º – O estado de São Paulo, antes de ultimar as operações de crédito acima indicadas, submeterá as suas condições e cláusulas ao conhecimento e aprovação da União e dos outros estados contratantes.

§ 3º – Como se torne necessário o endosso ou fiança da União para as operações de crédito, serão observadas as condições do artigo 2º, n.10 da Lei de nº 1.452, de 30/12/1905.

Artigo 9º – A organização e direção de todos os serviços de que trata este convênio serão confiadas a uma comissão de três membros, nomeados um por cada estado, sob a presidência de um quarto membro, apenas com voto de desempate e escolhido pelos três estados.

§ Único – Cada diretor terá um suplente de nomeação, igualmente dos respectivos estados, que o substituirá em seus impedimentos.

Artigo 10 – A comissão de que trata o artigo antecedente criará todos os serviços e nomeará todo o pessoal necessário à execução deste convênio, podendo confiar em parte a sua execução a alguma associação ou empresa nacional, sob sua imediata fiscalização, tudo na forma do regulamento.

Artigo 11 – A sede da comissão diretora será a cidade de São Paulo.

Artigo 12 – Para a execução dos serviços deste convênio, a comissão organizará o necessário regulamento, que será sujeito à aprovação dos estados contratantes, os quais, no prazo de quinze dias, se pronunciarão sobre o mesmo, sob pena de considerar-se aprovado por aquele que não o fizer.

Artigo 13 – Os encargos e vantagens resultantes deste convênio serão partilhados entre os estados contratantes, proporcionalmente à quota da arrecadação da sobretaxa com que cada um concorrer, pela forma estabelecida no regulamento.

Artigo 14 – Os estados contratantes reconhecem e aceitam o presidente da República como árbitro em qualquer questão que entre eles se possa suscitar na execução do presente convênio.

Artigo 15 – O presente convênio vigorará desde a data de sua aprovação pelo presidente da República, nos termos do número 16 do artigo 48 da Constituição Federal."

Carta enviada por Jorge Tibiriçá a Pinheiro Machado

"São Paulo, 5 de junho de 1906

Exmo. Sr. General J. G. Pinheiro Machado

Prezado amigo,
Aproveito a oportunidade da ida do Dr. Sebastião Ribas à sua fazenda para enviar-lhe alguns documentos referentes ao nosso magno assunto e ao mesmo tempo peço-lhe desculpas por vir perturbar o merecido descanso de que está gozando depois de um trabalho fatigante. Assim procedo por tratar-se da questão do café e do câmbio, (hoje indissoluvelmente ligados), pela qual tanto interesse tem demonstrado V. Excia.
A 1º de julho deste ano, devido a cinco anos de pequenas colheitas de café, o estoque visível mundial terá descido a cerca de 9.500.000 sacas. Nós vamos ter uma safra abundante, cuja colheita está em andamento e que será seguida de uma pequena. É pois o momento oportuno para nossa intervenção retirando do mercado o excesso que a produção deste ano dará sobre o consumo, para vendê-lo no ano próximo, conjuntamente com a safra pequena que será suficiente para as necessidades de consumo.
Se não aproveitarmos a circunstância ocasional de pequeno estoque a 1º de julho para organizarmos a nossa resistência teremos perdido a ocasião mais oportuna de realizá-la.
Os exportadores apoderar-se-ão da nossa grande safra por preço ínfimo, refarão seus estoques nos países consumidores, colocando-nos assim na impossibilidade de tentar a valorização com probabilidade de êxito no ano próximo.
Do que acabo de expor resulta claramente que é absolutamente necessário que a valorização aproveite a safra atual.
É isso possível?
Certamente que sim, desde que temos por nós a maioria do Congresso Federal.

Falta-nos, é certo, o apoio do Executivo Federal. Mas este, conquanto útil, não nos é indispensável. Será apenas necessário que o Congresso aprove o Convênio de Taubaté com algumas emendas que nos desliguem do Executivo Federal.

São as seguintes:

Ao artigo 7º acrescente-se:

Parágrafo único: se não se verificar o endosso por parte da União para as operações de crédito necessárias, a arrecadação da sobretaxa será feita pelos estados contratantes e o produto será depositado para servir de garantia ao empréstimo que foi contraído, sendo o restante aplicado às despesas de custeio dos serviços criados para a realização deste convênio.

Ao artigo 8º:

Parágrafo (entre o primeiro e o segundo): Enquanto não funcionar a Caixa de Conversão poderão os estados aplicar o produto do empréstimo que contraírem diretamente na valorização do café.

Ao artigo 15 suprimam-se as palavras "pelo presidente da República".

Feito isto poderão nos objetar que não teremos o endosso da União. Respondo sem hesitar: Não precisamos dele. Podemos levantar o empréstimo ainda mesmo que o governo federal perfidamente nos procure embaraçar.

Para que o parágrafo a acrescentar ao artigo 8º produza todo o seu efeito, é indispensável que seja mantido no nosso projeto de fixação de câmbio e caixa de conversão o artigo que reza: "Terão curso legal e força liberatória no país, de acordo com o padrão fixado na presente lei, as libras esterlinas, os marcos, os francos, as liras e os dólares e suas divisões.

Assim ficaremos habilitados para entrar no mercado com o dinheiro ouro do empréstimo que correrá no país, remediando a deficiência do meio circulante.

Confesso que preferirei não distrair esse ouro da Caixa de Conversão, mas precisamos estar armados desse meio para que o atual presidente da República não nos impossibilite operar com tempo de acudirmos à safra pendente.

Demais, se assim não for, teremos impossibilitado a valorização, perdendo a Caixa de Emissão a oportunidade de receber os depósitos provenientes do empréstimo de 15 milhões de libras. É preciso não ter ilusões a respeito: se a valorização não for feita com tempo de acudir à atual safra, ela tornar-se-á impossível para o ano, quando o produto da colheita estiver em poder dos mercados consumidores e nós com uma safra pendente pequena.

O que será da Caixa de Emissão se ela não tiver para o início de sua existência os empréstimos provenientes das prestações do empréstimo de valorização?

Mais uma vez se patenteia quanto as duas questões estão ligadas e devem ficar ligadas.

Até o presente ainda não me manifestei sobre a taxa cambial a ser adotada para a fixação. Não o fiz por entender que São Paulo era o estado que podia suportar a taxa mais elevada, desde que tivesse o café por bom preço. Assim quis deixar que outros estados se manifestassem de acordo com seus interesses, restando-nos tão somente acompanhá-los.

Pelo que tenho visto, creio ser fora de dúvida que a taxa será tomada entre os limites extremos.

Qual é a taxa preferível?

A que mais de perto corresponder à situação econômica do país. Não deixa de ser difícil verificar-se com exatidão qual é essa taxa, máxime quando o banco oficial tudo faz por perturbar a marcha regular do câmbio, procedendo como verdadeiro garoto. É infantil pensar que se possa impor ao Congresso Federal a taxa do dia, quando está patente a todos que essa taxa foi obtida artificialmente à custa do Tesouro. Ora, a taxa da Caixa de Emissão e Conversão deve ser fixada de modo a poder ser sustentada sem perigo de fracasso pela retirada abundante do ouro como aconteceu no Chile.

Tomando-se a média dos últimos anos de vida normal, devemos obter uma taxa mui próxima da que nos põe a libra a Rs. 18$000. Essa me parece a preferível e a que corresponde mais exatamente ao poder aquisitivo real do nosso papel-moeda.

Recapitulando o que fica exposto, temos:

As questões da valorização do café e da fixação do câmbio estão unidas de modo indissolúvel.

A valorização precisa ser feita de modo a aproveitar a grande safra deste ano, sob pena de tornar-se impossível para o ano quando esta grande safra estiver em poder dos mercados consumidores.

Sem o empréstimo para a valorização, a Caixa de Conversão terá perdido a ocasião de iniciar a sua vida de modo eficaz.

Tudo pois nos aconselha pronta resolução na ação. Obtido o nosso desideratum, estará fortalecido o partido que começou a sua vida com o nome de "Bloco" e apto para resolver outros assuntos de magna importância para o país, assuntos que só podem ser tratados com proveito quando existem agremiações fortes.

Queira desculpar a massada e aceitar um afetuoso abraço de quem se preza em ser de V. Excia.

Adm., Am., Cr. e Obr.
Jorge Tibiriçá"

Carta publicada no *Diário Popular*, 9.1.1952

Mensagem do presidente Epitácio Pessoa ao Congresso Nacional sobre a Defesa Permanente do Café 17.10.1921

"O café representa a principal parcela do valor global da nossa exportação, sendo o produto que mais ouro fornece à solução dos nossos compromissos no estrangeiro. Para verificar isso basta olhar para os quadros estatísticos. Além do mais, a longa experiência tem demonstrado que da situação do café depende a segurança da nossa economia e que a defesa do valor do café constitui o problema nacional cuja solução se impõe à boa política financeira e econômica do Brasil.

Assim, justo seria que se regulasse a defesa de toda a nossa produção, cumprindo cuidar-se, sem demora, da nossa organização bancária. Enquanto não tratamos deste assunto, seria imperdoável descuido deixarmos que continue entregue às astúcias da especulação o nosso principal produto, quando fácil nos é, mesmo sem aquela organização, ampará-lo desde já por meios capazes e eficientes.

É mister não esquecer que o Brasil produz de 70 a 75% do café que se consome no mundo. Tem ele assim, em suas próprias mãos, os elementos decisivos para fiscalizar e regular os mercados desse artigo. O estudo consciencioso dos mais competentes no assunto tem chegado à conclusão de que na defesa do café reside a principal regularização da oferta e esta sempre foi considerada a base primordial dessa defesa, tanto assim que a velha experiência dos antigos negociantes estranha que até hoje não a tenhamos regulado.

As causas que perturbam a oferta do café são, principal e incontestavelmente, de uma parte, a desigualdade das colheitas, que chegam a variar de dois, três e quatro milhões de sacas de um ano agrícola para outro, e, de outra parte, a falta de um aparelhamento bancário apropriado para custear o armazenamento e a retenção da mercadoria à espera de melhores preços. Essa mercadoria, pelo seu valor avultado, reclama grandes recursos pecuniários, de que ainda não é capaz a nossa deficiente organização de bancos. Daí a precária situação dos vendedores, que são obrigados a sacrificar o artigo para acudir a premência dos compromissos.

Esta situação agrava-se com a falta de organização do mercado produtor, constituído por uma grande massa difusa de vendedores sem coesão, sem continuidade de ação, sem resistência financeira em frente a dez ou doze casas compradoras apercebidas de todos os recursos para a luta e ligadas pelo interesse comum de comprar pelo mais baixo preço. É na nossa fraqueza no mercado produtor que a especulação firma suas manobras. A intervenção federal iniciada em março de 1921 já salvou mais de 300.000 contos, que, sem ela, teriam ido engrossar os lucros dos especuladores.

É pois, principalmente contra os abusos destes, que importa defender os frutos do trabalho nacional. Por que o especulador há de forçar-nos a vender por 8 ou 10 aquilo que vai revender por 30 ou 40? Diante do papel preponderante que o café representa hoje na economia nacional, lição amarga e eloquente dos fatos tornou iniludível a necessidade de organizar-se, o quanto antes, a defesa permanente desse produto, a fim de nos prevenirmos, o mais possível, contra os abusos da especulação e assegurar a estabilidade dos preços, de acordo com as exigências do consumo. Para isto seria suficiente um órgão de simples contextura, apoiado nos dois elementos cardeais de unidade e ação, de força e resistência, como, seria, por exemplo, um Conselho composto de pessoas de notória competência para dirigir as operações de defesa e provido de capital próprio considerável para socorrer as necessidades desta. O Conselho teria uma organização comercial completa para ministrar informações a respeito de todos os mercados e sobre a situação dos centros de produção, colheitas, remessas, etc., e um pessoal composto de técnicos contratados para trazer o Conselho ao corrente da posição do café nas diferentes praças. Suas reuniões seriam presididas pelo ministro da Fazenda, que teria o direito de veto contra as resoluções que por ventura fossem contrárias aos fins do novo instituto. Este possuiria sucursais nos principais mercados produtores do Brasil e representantes nos grandes centros de compradores; sua vice-presidência caberia ao ministro da Agricultura; seu capital seria de 300.000 contos, que se destinariam exclusivamente às seguintes operações:

1ª - empréstimos aos interessados na base de juros módicos, determinados pelo Conselho, mediante garantia do café depositado nos armazéns gerais ou nos armazéns oficiais da União e dos estados;

2ª - a compra do café para a retirada provisória do mercado quando o Conselho julgasse oportuno e necessário à regularização da oferta;

3ª - propaganda de café para o aumento do consumo e repressão das falsificações.

O capital poderia ser constituído dos recursos seguintes:

a) lucros apurados nas operações de valorização que estão sendo realizadas pelo governo federal;

b) lucros apurados nas operações em liquidação no convênio comercial com a Itália;

c) lucros apurados nas operações efetuadas pelo Conselho, sendo necessário;

d) emissão de papel moeda com lastro ouro, constituído das sobras do fundo de garantia e por último sobre o lastro do café, na razão de 80%, tanto quanto bastasse para completar o capital.

Neste último caso, uma vez liquidadas as operações, seriam incineradas semanalmente as notas correspondentes à importância a emitir. Certo, essa emissão especial seria limitadíssima, com lastro ouro ou café, cujo produto seria depositado e transformável em ouro. Incinerada essa emissão na medida da liquidação, não produziria ela os males geralmente e com razão apontados como consequência dos abusos do papel-moeda, sendo o inconveniente que acaso ainda pudesse ter largamente compensado com as vantagens decorrentes da valorização de um gênero que é hoje fundamental na economia brasileira. Mas a verdade é que no plano figurado tudo leva a crer que a autorização para emitir seria puramente nominal, visto que os demais recursos indicados muito provavelmente bastariam para assegurar o êxito da defesa.

Com esses elementos teríamos um órgão simples, dotado da necessária elasticidade, a atuar, de um lado pela unidade da ação especial e da competência dos dirigentes, e de outro pela resistência poderosa do seu capital, como instrumento da defesa do nosso café, instrumento esse que naturalmente jamais deveria ser usado para a criação artificial de preços abusivos. Vantagem importante desse órgão seria também o fato de vir o mesmo estabelecer relações de cordialidade e confiança entre os mercados, vendedores e compradores, por meio de um serviço de informações baseado na verdade dos fatos, e que pudesse deter o passo às mitificações atualmente empregadas pelos especialistas.

Assim, convencido de que esse importante problema da nossa economia reclama solução inadiável, venho solicitar para ele a esclarecida atenção do Poder Legislativo. Estou certo de que com a adoção dos alvitres acima sugeridos, ou outros melhores que lhe aconselhe a sua sabedoria, o Congresso prestará à Nação o relevante serviço de realizar a estabilização relativa de nosso principal produto de exportação com real proveito para a estabilidade cambial. Abrir-se-á assim o caminho de reformas mais profundas, entre as quais avulta a organização bancária, que é imprescindível para a plena expansão das forças produtoras e defesa geral dos interesses econômicos do café."

Epitácio Pessoa

Publicada na edição do dia 18.10.1921 do jornal *O Estado de S. Paulo*

Créditos das Imagens

P. 6 | Casa de fazenda de café no Vale do Paraíba
Arquivo | Estadão Conteúdo | AE

P. 13 | Epitácio Pessoa
Arquivo | Estadão Conteúdo | AE

P. 18-19 | Sede de fazenda de café, estado de São Paulo
Arquivo | Estadão Conteúdo | AE

P. 23 | Cafezal do estado de São Paulo
Arquivo | Estadão Conteúdo | AE

P. 30-31 | Traballhadoras rurais separam o café em fazenda, estado de São Paulo
Arquivo | Estadão Conteúdo | AE

P. 33 | Trabalhadores japoneses na colheita do café, Fazenda Pau Alto, estado de São Paulo
Arquivo | Estadão Conteúdo | AE

P. 36 | Vista aérea de mata nativa destinada ao cultivo de café no norte do Paraná
Arquivo | Estadão Conteúdo | AE

P. 40 | Rodrigues Alves
Arquivo | Estadão Conteúdo | AE

P. 42 | Jorge Tibiriçá
Foto Reprodução | Arquivo | Estadão Conteúdo | AE

P. 45 | Afonso Pena
Arquivo | Estadão Conteúdo | AE

P. 48 | Pinheiro Machado
Arquivo | Estadão Conteúdo | AE

P. 52 | Estação de trem em Taubaté
Arquivo | Estadão Conteúdo | AE

P. 54-55 | A Bolsa Oficial de Café de Santos
Alberto Marques | Estadão Conteúdo | AE

P. 58 | Porto de Santos, Brasil, Santos, SP, 1899-1920
Reprodução de imagem: Alex Silva | Arquivo | Estadão Conteúdo | AE

P. 60 | Artur Bernardes
Arquivo | Estadão Conteúdo | AE

P. 65 | Getúlio Vargas
Arquivo | Estadão Conteúdo | AE

P. 67 | Porto de Santos
Reprodução de imagem: Alex Silva | Arquivo | Estadão Conteúdo | AE

P. 71 | Nilo Peçanha
Arquivo | Estadão Conteúdo | AE

P. 73 | Vista aérea de área de plantação de café
Arquivo | Estadão Conteúdo | AE

P. 76 | Lavoura de café, Norte do estado do Paraná
Arquivo | Estadão Conteúdo | AE

P. 84-85 | Trabalhadores rurais separam o café em lavoura
Arquivo | Estadão Conteúdo | AE

P. 89 | Taubaté no início do século xx
Arquivo | Estadão Conteúdo | AE

Capa | Trabalhadoras rurais separam o café em fazenda no estado de São Paulo (det.)
Arquivo | Estadão Conteúdo | AE

Sobre o Autor

José Alfredo Otero Vidigal Pontes nasceu em São Paulo, em 21 de abril de 1948. É graduado em História pela Universidade de São Paulo.

Há mais de 30 anos, vem desempenhando atividades pertinentes ao jornalismo, à pesquisa histórica e à gestão de projetos culturais. Como jornalista foi repórter do *Jornal da Tarde* nos anos 1970. Iniciou como historiador atuando em pesquisas no Departamento de Patrimônio Histórico da Prefeitura de São Paulo em 1974-75.

Nos anos 1980, foi Gerente do Departamento de Patrimônio Histórico da Eletropaulo, pesquisador/articulista do *Boletim Histórico da Eletropaulo*, da revista *Memória*, dos *Cadernos de História & Energia*; e nos anos 1990 passou a colaborar com o *Jornal da Tarde* e *O Estado de S. Paulo*.

É autor de três livros sobre a memória visual da cidade de São Paulo: *São Paulo Registros* (Eletropaulo,1981), *A cidade da Light* (Eletropaulo,1990) e *São Paulo de Piratininga: de pouso de tropas a metrópole* (*O Estado de S. Paulo*, coedição com a Editora Terceiro Nome, 2004). Ainda em 2004, publicou o livro *1932: o Brasil se revolta* (*O Estado de S. Paulo*, 2004).

Exerceu como executivo, por duas vezes (1983-86 e 1988-90), a Gerência do Departamento de Patrimônio Histórico da Eletropaulo, órgão idealizado e implantado por ele, a partir de 1983, responsável pela organização e guarda do acervo histórico da antiga Light, hoje em mãos da Fundação Memória da Energia, da qual foi Consultor de Conteúdos no projeto de instituição do Museu da História do Estado de São Paulo (2009-10). Atualmente, é curador do Acervo Histórico-Cultural do jornal *O Estado de S. Paulo*.

© José Alfredo Vidigal Pontes, 2013

Biblioteca da Imprensa Oficial do Estado de São Paulo

Pontes, José Alfredo Vidigal
   A política do "Café com Leite" mito ou história? / José Alfredo Vidigal Pontes - São Paulo :
Imprensa Oficial do Estado de São Paulo, 2013.

   152 p. il.

   ISBN 978- 85-401-0096-1

   1. Economia – História – Brasil 2. Café – História - Brasil 3. Política e governo - República Velha, 1889-1930 – Brasil

---

Índices para catálogo sistemático:

1. Brasil : História : Economia 330.981
2. Brasil : República Velha, 1889-1938 981.05
3. Brasil : História : Café 338.173 73

Grafia atualizada segundo o Acordo Ortográfico da Língua Portuguesa
de 1990, em vigor no Brasil desde 2009.
Foi feito o depósito legal na Biblioteca Nacional (lei nº 10.994, de 14/12/2004).
Direitos reservados e protegidos pela lei nº 9.610/1998.
Proibida a reprodução total ou parcial sem a prévia autorização dos editores.

Impresso no Brasil 2013

Imprensa Oficial do Estado de São Paulo
Rua da Mooca 1921 Mooca
03103 902 São Paulo SP Brasil
Sac 0800 0123 401
www.imprensaoficial.com.br

IMPRENSA OFICIAL DO ESTADO DE SÃO PAULO

Conselho Editorial

PRESIDENTE
Carlos Roberto de Abreu Sodré

MEMBROS
Cecília Scharlach
Eliana Sá
Isabel Maria Macedo Alexandre
Lígia Fonseca Ferreira
Samuel Titan Jr.

COORDENAÇÃO EDITORIAL
Cecília Scharlach

ASSISTÊNCIA EDITORIAL
Francisco Alves da Silva

REVISÃO
Heleusa Angelica Teixeira

PROJETO GRÁFICO
EDITORAÇÃO ELETRÔNICA
Teresa Lucinda Ferreira de Andrade

ASSISTÊNCIA À EDITORAÇÃO
Fernanda Buccelli

TRATAMENTO DE IMAGENS
Leandro Alves Branco

CTP, IMPRESSÃO E ACABAMENTO
Imprensa Oficial do Estado de São Paulo

GOVERNO DO ESTADO DE SÃO PAULO

GOVERNADOR
Geraldo Alckmin

SECRETÁRIO-CHEFE DA CASA CIVIL
Edson Aparecido

IMPRENSA OFICIAL DO ESTADO DE SÃO PAULO

DIRETOR-PRESIDENTE
Marcos Antonio Monteiro

FORMATO 13,5 X 22,5 cm
FONTE ITC Garamond Std e Myriad
PAPEL capa | Cartão Triplex 250 g/m²
       miolo | Reciclado 90 g/m²
PÁGINAS 152
TIRAGEM 1000